KB065886

인간 정서와 AI

이 책은 정부광고 수수료로 조성된 언론진흥기금의 지원을 받아 발간되었습니다. 자세한 내용은 QR코드를 통해 확인해 주세요.

인간 정서와 AI

강정석
김지호
박종구
부수현
성용준
안정용

지음

한울
아카데미

발간사

한국광고홍보학회는 2017년에 첫 KADPR 지식총서를 출간한 이후 지금까지 매년 1~2권의 지식총서를 출간해 왔습니다. 그동안 발간된 지식총서는 다음과 같습니다. 『100개의 키워드로 읽는 광고와 PR』, 『4차 산업혁명 시대의 광고기획 솔루션』, 『광고PR 커뮤니케이션 효과이론』, 『데이터 기반 PR기획』, 『반갑다 광고와 PR!』, 『브랜드 평판 관리의 이론과 실제』, 『디지털 변화 속 광고PR 산업』. 이제 이 책『인간 정서와 AI』는 KADPR 지식총서 시리즈의 여덟 번째 책입니다.

이 책은 인간의 정서에 기초한 AI 광고 및 서비스에 관한 개론서로 AI와 같은 신기술이 비단 광고뿐만 아니라 이커머스(e-commerce), 온라인 플랫폼 산업 및 다양한 유형의 콘텐츠 사업에 혁명적인 변화를 일으키면서 새로운 차원의 생태계를 구축해 나가고 있는 지금 시점에 꼭 필요한 내용을 담고 있다고 생각됩니다. 또한 그동안 수행된 AI에 관한 연구의 대부분이 계량분석이나 시스템 공학적인 접근이어서 소비자와의 상호작용 측면을 강화할 필요가 있는데, 이를 위해서는 인간 정서에 기초한 AI의 작동원리를 이해하는 데 도움을 줄 수 있는 개론서가 필요하다고 생각되어 이 책을 기획하게 되었습니다.

이 책은 관련 분야에서 훌륭한 성과를 이뤄내신 저자님들의 지난한 노력 덕분에 인간 정서와 AI 관련 분야의 입문서로서뿐만 아니라 심도 있는 전문지식을 포괄하고 있는 전문서로서도 손색이 없다고 감히 말씀드릴 수 있습니다. 따라서 이 책이 인간 정서와 AI에 관심이 있는 학계뿐만 아니라 AI와 같은 신기술을 개발, 응용하는 실무자들에게 인간 정서에 대한 이해를 함양시켜 줌으로써 관련 분야의 학문적 및 산업적 토대를 공고히 하는 데 기여할 수 있을 것으로 생각됩니다. 또한 이를 토대로 한층 더 인간 정서에 부응하는 신기술 및 서비스가 개발되어 궁극적으로 이러한 서비스와 플랫폼을 운영하는 기업의 경쟁력을 강화시키는 결과로 이어지기를 기대해 봅니다. 아울러 이 책이 향후 인간 정서에 기초한 다양한 산업적 응용을 촉진하고 인간 정서 및 정서에 기초한 다양한 연구개발의 토대를 제공해 줄 수 있을 것으로 기대합니다.

마지막으로 이 책이 발간될 수 있도록 다방면으로 도와주신 몇몇 분들께 감사의 말씀을 전하고자 합니다. 우선 이 책을 기획하고 저자 선정에서부터 내용 구성까지 맡아주신 경상대학교 부수현 교수님과 책 내용의 완성도를 높이기 위해 마지막까지 애써주신 저자분들께 깊이 감사드립니다. 아울러 이 책을 출간할 수 있도록 아낌없이 지원해 주신 한국언론재단의 표완수 이사장님과 배경록 정부광고본부장님, 황호출 광고운영국장님 그리고 이 책의 편집과 출판 작업을 맡아주신 한울엠플러스

관계자분들께도 깊이 감사드립니다.

　모쪼록 이 책이 우리 학회원들과 학생들 및 AI 관련 업무를 담당하는 실무자들에게 널리 활용되기를 바라며 발간사를 대신하겠습니다.

　감사합니다.

2021년 11월

한국광고홍보학회 제16대 회장 김정현

차례

1장

정서란 무엇이고 어떻게 작동하는가?

부수현(경상국립대학교 심리학과)

　누구나 정서(emotion)를 알고 있고 그것을 일상적으로 경험하지만, 그것이 무엇인지를 명확하게 정의하는 것은 어렵다. 왜냐하면 정서가 삼각형과 같이 물리적 실체가 분명하고 그것을 구성하는 요소로 딱 떨어지는 것이 아니기 때문이다. 정서는 중력(gravity)과 같이 개념적으로 알고 있고 일상적인 장면에서 때때로 실감할 수도 있지만, 그게 왜 생겼고 어떻게 작용하며 어떻게 대처해야 하는 것인지에 대해서는 잘 모른다.

　또한 정서는 아시아(Asia)와도 비슷하다. 아시아는 유럽, 정확하게는 그리스의 동쪽 땅을 말하며, 유럽인의 관점에서 가까운 아시아에서부터 멀리 동쪽 끝에 있는 아시아로 구분된다. 문제는 동쪽에 있는 나라, 사람, 문화에 대해 아는 바가 거의 없으면서 그냥 모두를 아시아로 묶어버렸다는 데 있다. 정서도 마찬가지다. 감정, 기분, 느낌, 분위기 등과 같이 다양한 차원의 반응과 경험을 모두 정서로 통칭하며, 정서를 이성적인 사고에 대비되는 것 또는 사고의 오류를 일으키는 요인, 심지어 열등하거나 미숙함을 나타내는 것으로 간주해 왔다.

더 나아가, 어떤 심리학자들은 정서를 원형(prototype)에 기초한 범주의 개념으로 보기도 한다(Fehr and Russell, 1984). 예를 들어, 정서를 K-pop이라고 할 때, 마치 분노나 희열이 정서의 쉬운 예가 되는 것처럼, BTS나 블랙핑크는 K-pop의 좋은 본보기(exemplar)가 된다. 하지만 BTS와 블랙핑크가 가진 수많은 특성 중에서 어떤 것이 K-pop의 공통특성 혹은 필수 요소인지를 찾아내는 일은 쉽지 않다. 마찬가지로 분노와 같이 매우 뚜렷하게 나타나는 일부의 정서로부터 일반적인 정서 개념을 명확하게 도출하는 것 역시 쉬운 일이 아니다.

무엇보다도, 정서는 최근에 이르러서야 독립적-주체적 연구 주제로 다뤄지기 시작했다. 구체적으로, 지난 140여 년의 시간 동안 심리학의 모든 분야가 눈부시게 발전해 왔음에도 불구하고, 정서는 이성적 사고를 중시하는 오랜 철학적 전통 때문에 심리학 연구의 중요한 주제로 다뤄지지 못했다. 때때로 어떤 연구자가 정서에 관심을 보였을지라도, 다른 중요한 주제를 연구하는 과정에서 필요에 따라 부분적으로만 다뤄왔을 뿐이었다. 예를 들어, 심리장애와 이상행동을 설명하는 과정에서 분노나 우울 같은 정서를 다루는 경우가 바로 그것이다. 그러나 다행히도, 1980년대부터 정서에 관심을 가진 연구자들이 조금씩 늘어났으며, 최근 십여 년간 심리-신경 반응에 관한 측정 기술 및 장비의 비약적인 발전에 힘입어, 정서를 본격적으로 탐험해 보려는 시도가 폭발적으로 늘어나고 있다.

1. 정서를 정의하기 위한 시도

정서를 현대 심리학의 관점에서 정의하려는 시도 중에서 가장 대표적인 것 두 가지를 소개하자면 다음과 같다.

정서는 자극에 대한 복잡한 반응의 연쇄로서 인지적 평가, 주관적 변화, 자율신경계 및 신경세포의 각성, 행위 충동성, 그리고 (이 복합적 연쇄를 유발한) 자극에 영향을 미치려는 행동을 포함한다(Plutchik, 1982).

정서는 현재 상황에 대한 적합성 제고와 환경 조성을 촉진하기 위하여 일시적으로 생리, 인지, 주관적 경험 및 행동 채널을 통합하는, 외적 자극 사건에 대한 보편적이고 기능적인 반응이다(Keltner and Shiota, 2003).

물론, 이 두 정의가 정서에 관한 모든 정의를 대변하는 것도, 각 정의의 핵심적인 근간을 제시한 것도 아니다. 이 외에도 프리다(Frijda, 1986), 레저러스(Lazarus, 1991), 에크먼(Ekman, 1992), 아이저드(Izard, 1992) 등이 제안한 정의도 학계에서 널리 사용된다. 그럼에도 위의 두 가지 정의를 구체적으로 제시한 이유는 정서를 정의한 대부분의 연구에서 공통으로 추출된 세 요인을 한 문장 안에 잘 표현하고 있기 때문이다.

1) 정서는 특정 사건에 대한 반응이다.

첫째, 정서는 지금 벌어지고 있는 '특정 사건(혹은 외부 자극)에 대한 반응'이다. 바꿔 말하면, 외적으로 아무런 일도 발생하지 않았는데 갑자기 느껴지는 것(혹은 내적 상태의 변화를 감지하여 발생하는 것)은 정서가 아니라는 의미이다. 예를 들어, 어느 순간 갑자기 느껴진 배고픔이나 갈증은 불쾌하고 고통스러운 것이지만 이것은 정서가 아니라 추동(drive)[1]이다.

덧붙여, 어떤 사건이나 외적 자극이 곧바로 그것에 대응하는 정서를 유발하는 것도 아니다. 왜냐하면 정서를 느끼기 위해서는 어떤 상황이나 자극에 대해 인지적으로 평가하는 과정(혹은 의식적 처리)이 필수적이기 때문이다. 예를 들어, 어떤 사람이 나를 보고 웃었다고 치자. 그 사건(혹은 자극)이 곧바로 정서를 느끼게 하는 것은 아니다. 그 웃음이 나에게 긍정적인 신호를 보내는 것인지 혹은 나를 경멸하고 조롱하는 것인지에 따라 전혀 다른 정서를 경험하게 되기 때문이다(Schachter and Singer, 1962).

하지만 문제는 의식적인 평가가 모든 상황에서 필수적인 것은 아니라는 점이다(Parkinson, 2007; Ruys and Stapel, 2008). 대표적인 예로, 점화효과(priming effect)를 들 수 있다. 점화효과란 부지불식간에 노출된 자극이 이후의 특정한 반응을 유발하는 것을 말한다. 가장 유명한 실험을 예로 들자면, 실험에 참여하기 위해 연구동으로 찾아온 참여자에게 실험

---

1 행동을 이끄는 강력한 내적인 힘.

관계자가 간단하게 참여자가 본인인지를 확인을 하는 과정을 거친다. 이때 실험 관계자는 한 손에 서류철을 다른 한 손에 음료를 들고 있는데, 서류에 사인하기 위해 자기가 쥐고 있던 음료를 참여자에게 잠깐 들어달라고 부탁한다. 이때 거의 모든 참여자가 기꺼이 음료를 받아준다. 관계자는 사인을 마치자마자 곧바로 음료를 되돌려 받고 참여자를 실험실로 안내한다. 실험실에 들어간 참여자는 어떤 사람에 대해서 평가를 해야 하고, 특정한 프로젝트에 그를 참여시킬지 혹은 탈락시킬지를 정해야 한다.

모든 참여자는 모두 똑같은 절차를 거처 동일인(모두 같은 정보)에 대해 평가를 하게 되는데, 유일한 차이는 잠깐 들어주었던 음료의 온도 차이다. 따뜻한 음료를 잠깐 들었던 참여자는 호의적인 평가를 하지만 차가운 음료를 들었던 참가자는 냉정하게 평가한다. 즉, 잠깐 쥐었던 것의 온도가 사람을 평가하는 데 충분히 결정적인 영향을 미친다는 것이다. 과연 이것을 정확하게 인식하거나 의식적으로 처리한 사람이 존재할까? 이처럼 무언가를 언뜻 보거나 쥔 것만으로도 정서가 유발되며, 아무런 단서도 없이 갑자기 공황 상태에 빠지거나, 어느 순간 갑자기 심각한 우울감이 휘몰아치기도 한다.[2]

더 나아가, 외적 자극과 내적 상태가 완벽하게 분리되어 독립적으로 작동하는 것도 아니다. 예를 들어, 업무에 관한 부정적인 평가를 들을 때 배고픈 상태에 있는 사람이 정상인보다 우울감을 더 잘 느끼며, 전혀

---

2 단, 정상적인 일은 아니다. 전체 사람 중 소수에게서 아주 드물게 발생하는 일이다.

배가 고프지 않은 사람도 치킨 먹방을 보다가 마법에 걸린 것처럼 치킨을 주문하기도 한다. 아마도, 외부 자극을 처리하고 내적 상태를 파악하는 것 모두 두뇌의 복합적인 활동에 절대적으로 의존하기 때문일 것이다. 또한 어떤 정보를 인지적으로 처리하는 것도 어떤 상황에서 정서를 느끼고 반응하게 하는 것도 모두 두뇌의 복합적인 활동의 결과이기도 하다. 따라서 어디서부터 어디까지가 독립적인 영역이고 무엇부터 상호작용적인지를 구분하는 것 자체가 쉽지 않은 일이다.

종합하여 정리하자면, 정서는 어떤 사건이 벌어졌을 때, 그 사건(혹은 자극)에 대한 내적(심리적) 반응으로 나타나는 것이며, 대개의 경우 그 사건(혹은 자극)에 대한 인지적 평가를 거친 뒤에 정서가 느껴지는 것이지만, 언제나 이 과정이 분명하게 선행되는 것은 아니다. 이처럼 모호하게 정의된 상태로 넘어가야 하는 이유는 여전히 우리가 정서에 대해 정확하게 모르기 때문이다.

2) 정서는 적응적 기능을 한다.

어떤 상황에 대한 인지적 평가는 빠르면 빠를수록 좋다. 예를 들어, 어두운 골목길을 홀로 지나고 있는데 저 앞에 걸어오는 사람이 나에게 호의적인지 아니면 위협적인지는 빠르게 판단하는 것이 좋다. 다행히도, 현실 상황에서의 판단은 더 간단하다. 그냥 저 사람이 위협적인지만 판단하면 된다. 나에게 호의적인지는 굳이 따질 필요가 없다. 그리고 이러한 상황에서의 인지적 평가는 순식간에 이뤄지기 때문에, 자신이 무엇을 근거로 그런 판단을 내렸는지조차 제대로 인식하지 못하는 사람이 대부분이다. 아마도 '그냥 느낌이 그랬다'라고 얼버무리거나 이미 반응한 이후에 애써 그럴듯한 이유를 찾아내는 게 일반적이다.

정서의 관점에서 위의 예를 다시 살펴본다면, 어두운 골목길에 낯선 사람을 마주한 순간(사건) 가볍게 긴장하는 것에서부터 극도의 불안감을 느끼는 것까지 다양한 강도의 정서를 경험할 수 있다. 물론 사람마다 다를 수 있고, 이러한 차이에는 선천적인(생물학적인) 요인 및 후천적인(학습 및 경험) 요인이 영향을 미칠 것이다. 하지만 확률적으로, 전혀 긴장하지 않는 사람과 불안감을 느끼는 사람 중에 누가 더 안전할까?

정서를 정의하는 두 번째 공통 요인은 정서가 '적응적' 혹은 진화론적 관점에서 '기능적'이라는 것이다(Shiota and Kalat, 2012). 즉, 정서는 마주한 상황에 더 잘 적응하도록 하며, 현재 상황에서 앞으로 (적응 또는 생존에) 더 바람직한 방향으로 움직이게 하는 역할을 한다. 앞서 예를 든 바와 같이, 누구나 막다른 절벽 위에 올라섰을 때 생리적인 긴장이 높아진다(즉, 각성한다). 대부분 이러한 긴장을 두려움(심각한 경우 공포)으로 인식하지만, 때때로 매우 큰 쾌감(즉, 희열)으로 인식하는 사람도 있다. 답은 정해져 있다. 누가 절벽 위에서 안전하게 행동할까? 그리고 안전하게 행동하는 사람과 무모한 시도를 하는 사람 중에 누가 더 오래 살까?

단지, 불안(긴장)만 생존에 유리한 것은 아니다. 우울감 역시 삶에 적응적이다. 어떤 상황에서 우울한 감정을 느끼면, 자신이 했던 행동을 돌아보거나 자신이 처한 주변 환경을 면밀하게 검토해 보기 위해, 일이나 관계 또는 어떤 상황에서 '일단 멈춤'이 나타난다. 마치 도로에서 빨간

불이 켜졌을 때 멈추는 것과 같고 대부분은 그 상황에서 적절한 대응책을 찾아 더 적응적인 선택을 해낸다. 간단하게, 빨간 불이 들어왔음에도 무시하고 달리는 사람보다 그 자리에서 멈추는 사람이 언제나 더 적응적이다. 따라서 우울감은 적응적이다. 우울감을 느끼는 것과 우울장애(depressive disorders)는 완전히 다른 문제이다.[3]

더 나아가, 정서는 사회적 관계를 형성하고 유지하는 데에도 중요한 역할을 한다. 먼저, 다른 사람을 좋아하고 사랑하는 것은 그 사람과의 사회적 관계를 형성시키고 강화한다. 또한 어떤 사람을 싫어하거나 증오하는 것은 그 사람과의 관계를 단절시키고 적대적인 행동을 유도하겠지만, 그 사람을 증오하는 다른 누군가와 아주 긴밀한 관계를 맺도록 하는 원인으로 작용하기도 한다. 좀 더 복잡한 차원에서, 정서는 공감(empathy or sympathy)의 기초이다. 심리학자는 공감(empathy)과 연민(sympathy)을 구분하지만, 일상적인 장면에서는 혼용된다. 둘 중 어떤 것이든지 간에, 여기서 중요한 것은 공감이 정서에 기초하며, 일반적으로 공감 능력이 뛰어난 사람이 어떤 사회 및 어떤 조직에서도 뛰어난 적응력을 가진다는 것이며, 언제나 '아주 인간적인 사람이다'라는 평을 듣는다는 점이다. 비정상적으로 공감 능력이 떨어지는 경우(예: 사이코패스)가 아니라면, 거의 모든 사람이 자신과 가까운 타인의 정서를 마치 자신에

---

3 우울감이 비정상적으로 오래 지속되거나 비정상적인 강도로 우울감이 몰아쳐서 정상적인 생활을 할 수 없을 때 우울'장애'라고 한다. 특히, 빨간불이 아닌데 빨간불로 인식하거나 빨간불은 일시적으로 들어오고 마는 것인데 이것이 앞으로도 계속된다고 믿는 것이 문제이다.

게 벌어진 일인 것처럼 공감한다. 만약 이 능력이 낮다면, 자기 유전자를 후대에 남기는 것이 극도로 어려워진다.

첫 번째 요인과 두 번째 요인을 종합하여 정리하자면, 정서는 특정 상황과 그에 대한 특정한 반응 및 행동이 상호 연결된(혹은 일련의 연쇄적인) 것이며, 정상적인 상황 및 조건에서, 정서 반응 및 행동은 환경에(혹은 생존에) 적응적이다. 이 책의 주제인 '감성적 인공지능' 혹은 'AI와 인간의 정서적 상호작용'의 관점에서 볼 때, '적응성'에 관해 생각해 볼 거리가 많다. AI가 구현하는 정서의 적응성은 무엇일까? 쉽게, AI가 정서를 인식하고 반응하는 것은 누구에게 적응적이어야 할까? 그렇다면, AI가 모든 감정과 정서를 사람처럼 느끼고 사람처럼 반응해야 할까? 그렇다면, 아마도 AI가 가장 완벽한 타인(동료이자 친구)이 될 가능성이 높은데, 이것은 결국 이용자를 비-적응적으로 만들어버리지 않을까? 결코, 쉽지 않은 문제이다.

3) 정서는 인지, 느낌, 생리, 행동의 네 가지 측면을 포함한다

정서를 정의한 선행연구를 종합해 보면, 정서 경험은 사건 및 자극에 대한 '인지'와 그것에 대한 주관적인 '느낌' 그리고 내부에서 벌어지는 '생리적인 변화' 및 '행동'(최소한의 근육이 움직이는 것에서부터 말이나 몸짓처럼 복합적인 움직임까지)의 네 가지 측면을 포함한다. 예를 들어, 어떤 사람이 나를 보고 웃었을 때, 그 웃음이 나에게 호의를 표현하는 것으로 인식하는 것이 '인지'이고, 이것으로 인해 나의 심박동이 살짝 높아지고 혈

류량이 증가하는 것 등이 '생리적 변화'이며, 동시에 기분 좋은 '느낌'을 감지하며 나 역시 살짝 미소를 짓는 것이 '행동'이다.

하지만 문제는 이 네 가지 측면을 모두 완전하게 가지고 있어야만 정서를 경험하는 것이 아니라는 데 있다. 특히, 네 가지 측면 중에 인지와 행동이 가장 큰 논란거리가 된다. 인지가 필수적이지 않을 수 있다는 점은 이미 충분히 설명한 것 같다. 어떤 상황을 접했을 때 거의 자동적으로(혹은 너무나 빠르게) 처리되어 내가 어떤 생각을 했다는 것 자체를 자각하지 못할 수도 있으며, 상황에 대한 뚜렷한 인지가 없어도 우울감을 느끼거나 공황발작이 발생할 수도 있다.

행동과 관련된 논란은 이제야 처음 설명하지만, 일상적으로 관찰하기 쉬운 것이기에 직관적으로도 쉽게 이해할 수 있을 것이다. 간단하게 감정을 아주 잘 표현하는 사람이 있고 겉으로 잘 드러나지 않는 사람도 있다. 예로, 수치심을 느끼는 상황에서 얼굴이 붉어지고 목소리가 떨리면서 뚜렷한 몸짓이나 행동을 보이는 사람도 있고, 평상시와 다를 것이 거의 없는 사람도 분명히 존재한다. 그렇다면, 행동의 변화가 없는 사람은 수치심을 못 느끼는 걸까? 물론, 이런 차이는 여러 요인이 복합적으로 작용한 결과겠지만, 그중에서도 '상황'이라는 요인은 매우 중요하다. 만약, 수치심을 드러내는 것이 치명적인 결과를 가져올 수 있는 상황이라면, 오히려 적응적인 사람일수록 그 어떤 행동도 보여주지 않을 것이다.

이와 유사하게 '문화' 역시 정서를 해석하고 표현하는 데 매우 중요하다. 한국의 전통적인 문화에서 장례식은 함께 밤을 지새우며 웃고 떠드는 것이었다. 만약, 일본의 장례식에서 웃고 떠든다면 어떻게 될까? 홍미로운 점은 한국의 장례식에서 발인할 때 상주가 주저앉아 대성통곡하다 혼절하는 것은 적절한 것으로 인식되는데, 일본인들은 민폐라고 받아들인다는 것이다. 이렇게 비교하면 한국인(혹은 한국문화)의 감정 표현이 두드러진 것 같지만, 서구문화와 비교하면 또 다른 입장이 된다. 한국인은 관계적인 측면의 감정 표현이 두드러지지만, 서구문화의 경우에는 개인적인 감정을 표현할 때 더 두드러진다.

정리하자면 정서는 인지, 느낌, 생리, 행동의 네 가지 측면을 포함하는 것이지만, 이 모든 측면을 다 갖춰야만 정서 경험이 이뤄지는 것은 아니다. 그럼에도 불구하고, 정서를 정의하는 데 이 네 가지 측면을 모두 포괄하려고 노력하는 이유는 정서가 작동하는 원리를 설명하는 연구의 단초를 제공해 주기 때문이다.

2. 정서에 관한 고전적 이론

누구나 정서가 무엇인지 알고 있으며, 일상적으로 경험한다. 따라서 일반인들도 정서에 관한 이론을 가지고 있다. 아마도 대부분은 어떤 사건을 접했을 때 그 사건에 적합한 정서를 먼저 느끼고 이후 그 결과로써 행동이 뒤따른다고 볼 것이다. 즉, 정서의 경험을 '사건 → 느낌 → 행동(혹은 생리적 변화)의 과정'으로 보는 것이다. 예를 들자면, '선물을 받아서 기쁘고 그래서 미소가 번지고 포옹을 한다'이다. 하지만 정서에 관한 최초의 심리학 이론은 이러한 상식적인 견해를 깨는 것이었다.

1) 웃어서 행복한 것이다.

　흔히, 제임스-랑게(James-Lange)[4] 이론이라 부른다. 핵심은 사람이 어떤 사건을 접했을 때 그에 대한 생리적 변화나 반응(행동)이 벌어지고 이를 통해 정서를 느끼는 과정이 뒤따른다는 것이다. 즉, '사건 → 생리적 변화(행동) → 느낌'의 과정을 제안한 것이다. 간단하게, 행복해서 웃는 게(즉, 상식) 아니라 웃어서 행복하다는 것이다. 이 이론에서 중요한 것은 '생리적 변화'가 정서의 완전한 경험에 필수적 선행요인이라는 점이다. 즉, 생리적 변화가 없으면 정서 경험도 없다. 이 관점에서 정서란 '우리가 특정 상황에 대해 신체가 반응하는 방식에 붙이는 이름'이다(James, 1884). 따라서 자신의 신체활동(생리적 각성)에 대한 자각(self-perception)이 곧 정서이다.

　1880년대의 시대적 상황을 고려하고, 현대적 관점(즉, 정서의 네 가지 측면)에서 이 이론을 재조명해 보면, '사건(인식 및 평가) → 생리적 변화/ 반응 및 행동 → 느낌의 과정'과 같다. 먼저, 이 이론에서는 사건에 대한 인지적 측면을 간과했다. 왜냐하면, 자각할 수 있을 만큼의 큰 생리적 변화만 다뤘기 때문이다. 즉, 내가 흥분했다는 것을 충분히 느낄 수 있을 때, 대개의 경우 이런 상황은 거의 자동적으로 인지된다. 그런 상황에서 고민하면 살아남기 힘들다. 다른 한편으로, 이 시기에는 생리적 변

4　비슷한 시기에 거의 비슷한 이론을 동시에 주장했던 두 학자를 통칭하는 것일 뿐이다. 공동연구를 수행했던 것도 아니다. 시기가 1880년대라는 것을 고려해야 한다.

화와 반응(혹은 미세한 행동)을 명확하게 구분하거나 측정하지 못했다.

그렇다고 해서 이 이론이 현대적 정서를 설명하지 못하는 틀린 이론인 것은 아니다. 대표적인 예로 안면 근육을 어떻게 움직이도록 하는지에 따라 서로 다른 정서를 경험한다는 것을 들 수 있다. 즉, 입꼬리를 올리게 하면 기분이 좋아지고 입꼬리를 처지게 하면 우울한 기분을 느끼는 효과가 분명히 나타난다. 무엇보다도, 이 이론이 중요한 점은 '자각'이 정서 경험에 핵심이라는 가설을 제안한 것이다. 구체적으로, 단순히 심장이 더 빠르게 뛰는 게 중요한 게 아니라 그것을 무엇으로 자각하는지가 정서를 결정한다는 주장을 말한다.

2) 웃으면서 행복하다고 느낀다.

바로 다음 세대가 되어, 1900년대 초 저명한 생리학자들이 제임스-랑게 이론을 반박하는 주장을 하기 시작한다. 이에 관련된 비슷한 주장을 통칭하여 캐넌-바드(Cannon-Bard) 이론이라 한다. 간단하게, 이들은 어떤 상황에 대한 정서가 순식간에 느껴지는 것에 비해 그 사건에 대한 생리적 변화 및 반응이 느리다고 봤다. 예를 들어, 타인으로부터 공개적으로 심한 비난을 받았을 때, 심박동이 빨라지고 피가 머리로 솟구쳐 오르는 것보다 빠르게, 이미 먼저 수치심이나 분노를 느낀다는 것이다. 더 세부적으로 들어가 보면, 수치심이라고 느꼈을 때보다 분노라고 느꼈을 때 생리적 변화가 더 크다. 다만, 어떤 사건으로 인한 생리적 변화보다 그 사건에 대한 주관적 느낌이 더 빠르다는 것이지, 주관적 느낌이 먼저

그림 1-1_ Cannon-Bard 이론에 따른 정서 경험

이뤄지고 난 뒤에 생리적 변화가 발생한다고 주장한 것은 아니다.

정리하자면, 캐넌-바드 이론은 생리적 변화/반응을 지각하고 난 뒤에 정서를 느끼는 것이 아니라, 모든 요소가 동시에 독립적으로 이뤄진다고 봤다. 이를 현대적 관점에서 정리하면 〈그림 1-1〉과 같다. 현대 심리학은 정서의 인지적 측면을 강조하는 경향이 있는데, 이 이론이 그러한 관점의 시초이다. 제임스-랑게 이론에서도 생리적 변화에 대한 자각을 강조했지만, 사건과 자신의 상태에 대한 인지적 평가의 중요성을 제안한 것은 아니다. 다만, 현대 심리학에서는 인지, 느낌, 생리적 변화(행동)가 독립적으로 작동한다기보다 상호작용하는 것으로 본다는 점에서 이 이론의 한계가 있다.

앞에서 든 예를 다시 적용해 보자면, 타인의 비난으로 수치심이 든 상황보다 분노를 느꼈을 때 심박동이 더 빠르고 혈류량이 더 증가하며 심지어 신경계에 분비되는 화학물질마저 다르다. 다만, 공개적인 비난을 받기 시작했을 때에는 수치심이 들었지만, 이후에 수치심이 분노로 바뀌는 경우도 종종 발생한다. 즉, 수치심이라는 인지가 생리적 변화를 더 크게 유발하고 다시 이러한 생리적 큰 변화가 분노라는 다른 유형의 정서를 유발할 수 있다는 것이다. 심지어, 시간적 격차가 큰 경우에도 이러한 변화가 발생한다. 단순 생각(사고) 효과(Tesser, 1978)가 대표적인 예이다. 단순 생각 효과란 어떤 사건의 부정적인 측면을 반복해서 계속 생각하게 하면 그 사건에 대한 부정적인 태도가 더 커지는 효과를 말하는데, 예를 들어, 어떤 사람이 나에 대해 공개적으로 비난했을 때 그 순간에는 씁쓸하게 웃으며 넘겼지만, 집에 들어오는 길에 그리고 집에 들어와서 그리고 잠자리에 들려고 하다가 '너무 화가 나서' 결국 그 사람에게 전화를 걸어 화를 내는 일도 충분히 발생할 수 있다. 이 효과는 단순히 '비난 받은 일(사건)'에 대해 계속해서 생각한 것만으로 발생한다.

3) 정서는 추론되는 것이다.

캐넌-바드 이론이 제안된 이후 60년 가까이 정서를 본격적으로 다루려는 시도가 없었다. 여러 이유가 있었지만, 심리학 분야에서 인지 혁명이 일어난 시점에 샥터(Schachter)와 싱어(Singer)가 수행한 일련의 연구가 발표되고, 이를 종합하여 샥터-싱어(Schachter-Singer) 이론이라 통칭한다.

이 이론에 따르면, 정서에 종종 수반하는 생리적 각성은 정서적 느낌이 얼마나 강한지를 결정하는 데 필수적이지만, 그것이 어떤 정서인지 알게 해주지는 못한다. 즉, 생리적 변화가 클수록 더 강렬한 정서를 느끼게 하지만, 심박동이 빠르다는 것이 기쁨이나 분노 혹은 또 다른 정서 중에 무엇을 경험하게 할지를 판별하지는 못한다는 것이다. 왜냐하면,

모든 정서가 아주 유사한 생리적 반응을 유발하기 때문이다. 간단하게, 화가 머리끝까지 났을 때와 매우 큰 기쁨/희열을 느낄 때는 완전히 다른 정서 경험이지만, 그때 발생하는 생리적 반응은 거의 유사하다. 반대로, 정서는 매우 다양하게 구분되지만, 생리적 변화는 양쪽 끝(각성 대 이완)을 가진 하나의 축에서 어느 지점인 수준 차이에 가깝기 때문이기도 하다.[5]

샥터와 싱어(Schachter and Singer, 1962)는 어떤 상황에서 주어지는 모든 정보로부터 정서가 추론된다고 주장하였다. 구체적으로, 생리적인 각성효과를 일으키는 주사를 맞은 집단과 그냥 생리식염수 주사를 맞은 집단을 비교하면, 당연히 각성제 조건이 생리적으로 더 흥분할 것이다. 그런데 만약, 실험참여자들에게 지금 맞은 주사가 각성제라고 알려줄 경우와 아무런 정보도 주지 않은 조건을 교차하면 어떻게 될까? 주사를 맞은 상태에서 긍정적인 상황이나 부정적인 상황을 접하게 했을 때, 어떤 조건의 참여자들이 더 명확한 정서를 경험할까?

기본적으로, 자신이 맞은 주사가 각성제임을 아는 집단은 자신의 생리적 변화가 주사 때문이라는 것을 안다. 물론, 그렇다고 해서 부정적인 감정을 일으키는 상황에서 짜증이나 불쾌감을 못 느끼는 것은 아니다. 생리적인 변화가 이미 생겼기 때문이다.[6] 하지만 각성제를 주사 맞았지만 그게 어떤 효과를 일으키는지 모르는 집단의 경우, 자신이 처한 상황

---

5   이러한 관점이 강화된 원인 중 하나는 (역설적이게도) 생리적 변화를 더 정확하게 측정
할 수 있는 도구가 발전되었기 때문이기도 하다.
6   심지어, 행복한 감정을 느끼도록 처치한 조건에서도 각성제로 인한 생리적 흥분/긴장
은 약간의 불쾌함을 느끼게 한다.

때문에 생리적 변화가 발생했다고 인지하게 되고 이것은 부정적인 정서를 더 명확하게 경험하게 한다. 심지어, 실제로는 식염수를 맞았지만, 각성제라고 거짓으로 알려줄 때 위약효과(placebo effect)도 나타날 수 있지만, 이것은 경험하는 정서의 강도에서 제한적이다.

정리하자면, 샥터-싱어 이론은 어떤 상황에서 경험하는 정서는 생리적 변화(반응)와 그 상황을 추론할 수 있도록 해주는 정보가 상호작용한 결과라는 것이다. 이러한 관점의 후속 연구자들은 상황에 대한 잘못된 추론이 정서 경험을 왜곡하는 현상을 검증하는 데 초점을 두었다. 그 대표적인 예가 흔들다리 효과 실험이다. 실례로 흔들리는 다리를 건너는 조건의 참여자가 평지에서 만나는 조건보다 상대방에 대해 더 호감을 느끼고(Dutton and Aron, 1974), 자신의 심박동이 빨라졌다고 착각하는 조건의 참여자가 실험 자극을 더 긍정적으로 평가한다(Crucian et al., 2000). 구체적으로, 전자는 상황(즉, 흔들다리)으로 유발된 생리적 변화를 상대방 때문에 벌어진 것으로 착각했기 때문이고, 후자는 실제로는 아무런 생리적 변화도 없었지만, 자신의 심박동이 빨라졌다는 왜곡된 정보(즉, 위약효과)만으로도 호감을 이끌어낼 수 있다는 점에서 조금 다르다. 그럼에도 불구하고, 이 모든 연구 결과는 정서를 경험하는 데 있어서, 그 상황이 어떤 것이며 자신의 내적 상태가 어떤지를 명확하게 추론하게 해주는 정보가 중요하다는 것을 의미한다.

3. 정서 요인들 간의 관계

이번 장을 마무리하면서, 부연 설명이 지나치게 긴 것 같아서 제외했지만, 정서를 이해하는 데 중요한 내용을 간략하게 정리해 보려고 한다. 첫째는 어떤 상황을 접했을 때 인지적으로 평가하는 과정에 관한 구체적인 내용이고, 둘째는 자신의 생리적 변화에 대한 민감도가 정서 반응에 미치는 영향에 관한 것이다. 마지막은 정서가 행동(반응)을 일으키는 경로뿐만 아니라 행동이 정서를 유발하는 구체적인 사례를 정리한 것이다.

상황(자극)에 대한 정서적 평가의 속도. 어떤 상황에 대한 평가(appraisal)는 매우 빠르게 이뤄지며, 거의 의식하지 못하는 수준에서 처리될 수 있다(Robinson, 1998). 실례로, 유쾌한 장면과 불쾌한 장면을 보여줬을 때, 기억과 정서에 중요한 역할을 한다고 여겨지는 전전두피질의 세포는 각 사진에 대해 120ms 미만으로 반응한다(Kawasaki et al., 2001). 특히, 화가 난 위협적인 표정을 본 경우 200~300ms 후에 강한 반응을 일으키지만, 행복하거나 중립적인 표정의 경우에는 그와 같은 반응을 보이지 않는다(Schupp et al., 2004). 더 나가, 미소 짓는 얼굴을 바라보면 (의식하지 못한 채) 자기도 미소를 짓고, 화난 얼굴을 보면 어느새 찌푸린 표정을 짓게 된다. 심지어, 표정이 아닌 다른 것에 주목하게 한 경우에도 (거의 자동적으로) 0.5초 이내에 참가자의 얼굴 근육이 반응한다(Cannon, Hayes, and Tipper, 2009). 사람들이 어떤 자극을 봤다고 의식하지 못할 정도의 짧은 순간 동안만, 공포에 찬 얼굴 사진을 보여줬을 때, 실험참가자는 그 사진을 전혀 의식하지 못했다고 보고했지만, 땀을 흘리고 전율이 나타났다(Kubota et al., 2000; Vuilleumier et al., 2001). 즉, 생존에 중요하고 긴급한 행동(투쟁이나 도피)을 해야 하는 상황은 매우 빠르게 평가되며, 그 과정을 의식할 필요도 없다는 것을 의미한다.

생리적 변화에 대한 지각(감각)과 정서적 느낌 간의 관계. 생리적 반응이 미약한 사람의 경우, 동일한 상황에서 다른 사람들과 동일한 정서를 느끼지만, 덜 강렬하게 느낀다(Critchley, Mathias, and Dolan, 2001). 같은 맥락에서, 자신의 생리적 변화에 민감하고 불쾌한 정서의 강도를 크다고 보고한 사람들이 자신의 심장 박동률 변화를 더 정확하게 탐지한다(Critchley et al., 2004).

정서적 행동과 정서적 느낌 간의 관계. 정서적 느낌이 정서적 행동을 유발하는 것은 이미 오래전부터 가정되어 왔지만, 그 반대의 경로 또한 가능한 것으로 보고 있다. 대표적인 실험이 바로 미소 짓게 하면 (찌푸리게 한 사람들보다) 주어진 자극을 더 재미있게 평가한다는 것이다(Strack, Martin, and Stepper, 1988; Soussignan, 2002). 특정 정서를 경험했을 때 취하는 자세 역시, 그 정서적 느낌을 촉진(강화)할 수 있다(Flack, Laird, and Cavallaro, 1999). 사실 이 연구들은 더 세밀하게 살펴볼 필요가 있다. 미소 짓는 표정이 생리적 변화를 유발하고 이 요인이 조절하여 나타난 결과일 수 있으며, 특정한 자세를 취하는 것이 그것과 관련된 사고(인지/평가)를 유발하고 이것이 특정한 정서적 느낌에 관여한 것일 수 있다.

참고문헌

Cannon, P., A. Hayes, and S. Tipper. 2009. "An electromyographic investigation of the impact of task relevance on facial mimicry." *Cognition and Emotion*, 23, pp. 918~929.

Critchley, H. D., C. J. Mathias, and R. J. Dolan. 2001. "Neural activity in the human brain relating to uncertainty and arousal during anticipation." *Neuron* 29, pp. 537~545.

Critchley, H. D., S. Wiens, P. Rotshtein, A. Ohman, and R. J. Dolan. 2004. "Neural systems supporting interoceptive awareness." *Nature Neurosci* 7, pp. 189~195.

Crucian, G. P., J. D. Hughes, A. M. Barrett, D. J. G. Williamson, R. M. Bauer, D. Bowers, and K. M. Heilman. 2000. "Emotional and physiological responses to false feedback." *Cortex*, 36(5), pp. 623~647.

Dutton, D. G. and A. P. Aron. 1974. "Some evidence for heightened sexual attraction under conditions of high anxiety." *Journal of Personality and Social Psychology*, 30(4), pp. 510~517.

Ekman, P. 1992. "Are there basic emotions?" *Psychological Review*, 99(3), pp. 550~553.

Fehr, B. and J. A. Russell. 1984. "Concept of emotion viewed from a prototype perspective." *Journal of Experimental Psychology: General*, 113(3), pp. 464~486.

Flack, W. F., J. D. Laird Jr., and L. A. Cavallaro. 1999. "Separate and combined effects of facial expressions and bodily postures on emotional feelings." *European Journal of Social Psychology*, 29(2-3), pp. 203~217.

Frijda, Nico H. 1986. *The Emotions*. Cambridge University Press.

Izard, C. E. 1992. "Basic emotions, relations among emotions, and emotion-cognition relations." *Psychological Review*, 99(3), pp. 561~565.

James, W. 1884. "What is an Emotion?" *Oxford University Press on behalf of the Mind Association*, 9(34), pp. 188~205.

Kawasaki, H., O. Kaufman, H. Damasio, A. R. Damasio, M. Granner, H. Bakken, et al. 2001. "Single-neuron responses to emotional visual stimuli in human ventral prefrontal cortex." *Nature Neuroscience*, 4, pp. 15~16.

Keltner, D. and M. N. Shiota. 2003. "New displays and new emotions: A commentary on Rozin and Cohen(2003)." *Emotion*, 3, pp. 86~91.

Kubota, Y., W. Sato, T. Murai, M. Toichi, A. Ikeda, and A. Sengoku. 2000. "Emotional cognition without awareness after unilateral temporal lobectomy in humans." *Journal of Neuroscience*, 20, RC97.

Lazarus, R. S. 1991. "Cognition and motivation in emotion." *American Psychologist*, 46(4), pp. 352~367.

Parkinson, B. 2007. "Getting from situations to emotions: appraisal and other routes." *Emotion*, 7(1), pp. 21~25.

Plutchik, R. 1982. "A psychoevolutionary theory of emotions." *Social Science Information*, 21, pp. 529~553.

Robinson, Clark. 1998. *Dynamical systems: stability, symbolic dynamics, and chaos*. CRC press.

Ruys, K. I. and D. A. Stapel. 2008. "Emotion Elicitor or emotion messenger?: Subliminal priming reveals two faces of facial expression." *Psychological Science*, 19, pp. 593~600.

Schachter, S. and J. Singer. 1962. "Cognitive, social, and physiological determinants of emotional state." *Psychological Review*, 69(5), pp. 379~399.

Schupp, H. T., A. Ohman, M. Junghofer, A. I. Weike, J. Stockburger, and A. O. Hamm. 2004. "The Facilitated Processing of Threatening Faces: An ERP Analysis." *Emotion*, 4(2), pp. 189~200.

Shiota, M. N. and J. W. Kalat. 2012. *Emotion*(international edition 2nd). Wadsworth.

Soussignan, R. 2002. "Duchenne smile, emotional experience, and autonomic re-activity: A test of the facial feedback hypothesis." *Emotion*, 2(1), pp. 52~74.

Strack, F., L. L. Martin, and S. Stepper. 1988. "Inhibiting and facilitating conditions of the human smile: A nonobtrusive test of the facial feedback hypothesis." *Journal of Personality and Social Psychology*, 54(5), pp. 768~777.

Tesser, A. 1978. "Self-generated attitude change." *Advances in Experimental Social Psychology*, 11, pp. 289~338.

Vuilleumier, P., J. L. Armony, J. Driver, and R. J. Dolan. 2001. "Effects of attention and emotion on face processing in the human brain: An event-related fMRI study." *Neuron*, 30, pp. 829~841.

2장

정서 표현과 커뮤니케이션

부수현(경상국립대학교 심리학과)

정서를 표현하는 것은 타고난 것일까? 아니면 자라면서 배우는 것일까? 이것은 본성 대 양육(nature vs. nurture)으로 회자되는 심리학의 매우 오래된 논쟁거리이다. 물론, 어떤 심리학자도 둘 중 어떤 것 하나가 전적으로 결정한다고 주장하진 않지만, 둘 중에 무엇이 더 중요한지를 놓고 여전히 팽팽하게 대립하고 있다. 여러분의 생각은 어떤가? 정서 표현은 타고나는 것일까? 배우는 것일까?

아마 모두가 동의하겠지만, 신생아가 우는 것을 따로 배우는 것 같지는 않다. 그리고 더 잘 우는 것(즉, 더 잘 표현하는 것)이나 잘못 우는 것도 딱히 없는 것 같다. 더욱이, 신생아에게 우는 것은 생존과 직결된 행위로, 양육자와 커뮤니케이션할 수 있는 유일한 방식이다. 만약, 신생아가 울지 못한다면 생존하기 어렵다. 하지만 흥미로운 점은 아이의 울음에 대한 양육자의 특정한 반응이 반복될 때, 즉 아이와 양육자 간의 상호작용이 거듭되다 보면, 어느 순간 아이의 울음이 미묘하게 분화되어 나간다는 것이다.[1] 또한 양육자의 대부분이 아이의 울음을 배가 고파서 울 때, 기저귀 때문에 울 때, 졸려서 울 때와 같이 동기적인 요인으로 구분하지만, 아이의 울음은 불안이나 두려움과 같은 정서를 표현하는 것일 수도 있다. 이러한 아이의 정서적 표현은 아이가 성장할수록 더 분화되고 더 정교해지며, 상대방의 정서를 적절하게 읽어내는 것 또한 아이의 인지적 능력이 뒷받침되어야 가능하다. 따라서 태어날 때부터 모든 정서를 적절하게 표현하고 읽어낼 수 있는 것은 절대로 아니다.

다시 한번, 여러분의 생각은 어떤가? 그렇다면 정서는 타고나는 것일까? 배우는 것일까?

1. 정서 표현의 선천적인 측면과 후천적인 측면

1) 정서 표현의 보편성

정서를 표현하고 읽어내는 능력이 타고나는 것이라는 주장은 곧 정서 표현이 보편적이라는 것을 의미한다. 이러한 관점은 찰스 다윈까지 거슬러 올라간다. 다윈(Darwin, 1998)의 기념비적인 저서 『인간과 동물의 감정 표현(The expression of the emotions in man and animals)』에 따르면, 많

---

[1] 양육자가 아이의 울음에 적절하게 반응하지 않을(또는 못할) 경우, 아이는 울지 않는다. 울어도 달라지는 것이 없기 때문이다. 학대받는 아이들 역시 정서 표현이 없거나 약하다.

그림 2-1_ **침팬지의 정서 표현**

은 종의 동물이 위협을 당했을 때, 화났을 때, 슬플 때 혹은 흥분했을 때 보이는 신체적 행동은 유사하다. 예를 들어, 대단히 많은 종의 동물들이 위협을 당할 때 자신이 더 커 보이도록 자세를 취한다. 새는 깃털을 세우고 날개를 한껏 벌리며, 고양이는 등을 활 모양으로 만들고 털을 빳빳하게 세운다. 영장류도 마찬가지이다. 뒷발로 서서 팔을 들어 올리는 자세를 취한다. 이와 같은 사례를 종합하여, 다윈은 정서 표현이 개체의 생존과 번식에 이점을 가져다주기 때문에 진화한 것이라고 주장했다.

특히, 다윈(Darwin, 1998)은 인간과 영장류의 정서 표현이 매우 유사하다는 점에 주목했고, 이것이 영장류가 우리와 가장 가까운 친척임을 보여주는 진화의 고리라고 주장했다. 간단하게 설명하자면, 〈그림 2-1〉의 두 침팬지 사진을 보라. 왼쪽의 침팬지와 오른쪽 침팬지 중에 누가 더 화난 것일까? 아마 오른쪽 침팬지를 선택하는 사람은 없을 것이다. 물론, 우리는 개나 고양이의 정서 표현도 충분히 알아챌 수 있다. 심지어 자세히 볼 수만 있다면 돌고래의 정서를 어렴풋이 읽어낼 수도 있을 것이다. 그러나 도마뱀이나 악어는 어떨까? 물론, 도마뱀이나 악어는 개와 고양이처럼 자주 접하지 못하기 때문일 수도 있지만, 침팬지와 같은 영장류의 정서 표현을 우리가 더 잘 구분하고 더 쉽게 읽어낼 수 있는 것은 명백한 사실이다. 그렇다면 인간은 왜 다른 동물보다 침팬지의 표정을 더 잘 읽어낼까? 다윈은 인간과 영장류의 조상이 같기 때문이며 생존에 유리한 정서 표현이 동일하게 진화되었기 때문이라고 보았다.

현대에 이르러, 다윈의 가설을 경험적으로 검증하려는 시도가 이어졌다. 만약, 정서 표현이 진화된 것이라면, 사람들 사이에서 정서 표현은 보편적일 것이다. 즉, 타고나는 것 이외의 다른 요인이 정서 표현에 영향을 미치지 않을 것이다. 이를 가장 간단하게 증명하는 방법은 외부의 세계와 단절된(혹은 고립된) 지역의 사람들도 우리와 같은 방식으로 정서를 표현하는지를 확인하는 것이다. 〈그림 2-1〉의 오른쪽 침팬지처럼, 오지 문화의 사람들도 방문객에 대해 우호적인 인사를 할 때 자주 눈썹을 올리고 입을 약간 벌린다(Eibl-Eibesfeldt, 1973). 서로 단 한 번도 교류한 적이 없는 오지 문화권 사람들 사이에서 모두 공통적이다.

이를 좀 더 과학적으로 검증하는 방법은 다음과 같다. 〈그림 2-2〉와 같이 분노, 공포, 혐오, 놀람, 행복, 슬픔을 표현하는 여섯 개의 사진을 보여주고 그것이 정서를 표현하는 어떤 단어에 해당하는 것인지를 짝을 짓도록 하였다(Ekman and Friesen, 1984). 만약 정서 표현이 보편적이라면 실험 참여자 대부분이 6개의 사진과 각 정서의 단어를 정확하게 연결할 것이다. 이 실험은 전 세계에서 수십 번이나 반복하여 검증되었다. 〈그림 2-3〉은 이와 관련된 여러 연구의 평균을 정리한 것이다(Russell, 1994).

그림 2-2_ 6가지 정서 표현

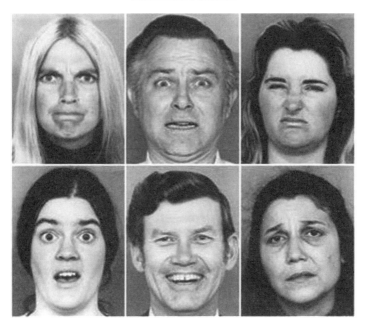

자료: Ekman and Friesen, 1984.

그림 2-3_ 6가지 정서와 정서 이름(단어) 짝의 정확성

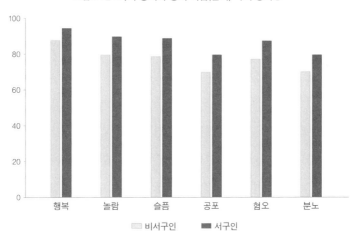

구체적으로, 모든 정서의 정확도가 높았다. 그중에서도 행복한 표정의 정확도가 가장 높았다. 반면, 공포 표정의 정확도가 가장 낮았다. 덧붙여, 정서를 표현하는 사진 속의 사람들이 모두 서구인(유럽계 백인)이었고, 같은 인종 및 문화권의 사람들(즉, 서구인)이 다른 인종 및 문화권의 사람들보다 사진 속의 정서 표현을 더 정확하게 인식하였다. 따라서 사람들은 자신이 속한 인종 집단의 정서 표현을 더 잘 인식한다 (Elfenbein and Ambady, 2002). 여기서 무엇보다 흥미로운 점은 서구인의 공포를 비-서구인이 (상대적으로) 잘 인식하지 못한다는 점이다. 분노도 비슷한 패턴을 보인다. 행복한 표정과 비교해 보면, 그 차이가 더 뚜렷해 보인다. 그렇다면 왜 이러한 경향이 나타나는 것일까? 혹시 문화에 따라 정서 표현에 차이가 있는 것은 아닐까?

2) 정서 표현의 상대성

일반적으로, 사람들은 고개를 좌우로 저어서 '아니요'를 표시하고 머리를 위아래로 끄덕여서 '예'를 표시한다. 한국에서도 미국에서도 그리고 나이지리아에서도 같은 방식으로 한다. 하지만 그리스와 터키 사람들은 머리를 뒤로 기울여서 '예'를 표시하고, 스리랑카는 고개를 흔들어서 '알았다'를 표현한다. 덧붙여, 손뼉을 치는 것은 대개 기쁨이나 즐거움을 표시하지만, 중국의 경우 걱정이나 실망을 나타내는 것이다 (Klineberg, 1938). 우리에게 친숙한 예를 들자면, 일반적으로 눈물을 보이는 것은 슬픔을 표현하는 것이지만 '기쁨의 눈물'도 있다. 특히, 올림

픽 시상대에 올라선 한국인 금메달리스트의 눈물을 종종 본다.

이처럼 문화에 따라 서로 다른 방식으로 표현되기도 하지만, 정서 표현의 상대성은 표현의 강도에도 있다. 서구문화권의 경우, 감정에 따라 매우 강렬한 얼굴 표정을 나타내는 경향이 있지만, 동아시아 문화권(특히, 일본)의 사람들은 미묘한 표정을 짓는 경향(근육의 움직임 등이 약하고 눈이나 입술 등에서 두드러진 변화가 없음)이 있다(Matsumoto, 1990). 심지어, 부정적인 사건에 대한 생리적인 반응에서도 차이가 존재한다. 구체적으로, 아시아계 참여자가 부정적인 사건에 가장 낮은 각성을 보이며, 유럽계가 그보다 높고, 아프리카계의 사람들이 가장 높은 각성을 보인다(Shen et al., 2004). 즉, 화가 나는 상황에서, 아프리카계의 사람들이 가장 잘 흥분하고 아시아계 사람들이 가장 덜 흥분한다는 것이다.

그렇다면, 아시아 문화권의 사람들은 정서적으로 무덤덤한 사람들일까? 그렇지는 않다. 강렬하게 표현하거나 적극적으로 드러내지 않는다는 것이지 정서를 덜 혹은 못 느끼는 것은 아니다. 마쓰모토와 에크먼(Matsumoto and Ekman, 1989)에 따르면, 정서 원형(몇 가지 기본 정서)에 따라 표정을 취한 사람이 어떤 인종인지에 상관없이 일본인은 그 사람의 정서가 덜 강렬하다고 평가한다. 반면, 정서가 약하게(혹은 미묘하게) 표현된 사진을 봤을 경우, 일본인은 미국인보다 그 사람이 더 강렬한 정서를 느끼고 있다고 추정한다(Matsumoto et al., 2002). 즉, 일본인은 강렬한 정서 표현을 꺼리며, 약하고 작은 표현의 정서를 상대적으로 더 민감하게 인식한다는 것이다. 이러한 정서 표현 및 인식의 차이는 각 문화권의 표현 규칙을 따르는 것이다.

구체적으로, 사람들은 자라면서 어떤 상황에서 어떤 정서를 어떻게 표현해야 적절한지를 학습한다. 대표적으로, 일본인은 다른 사람들과 함께 있을 때 혐오를 감추지만 혼자 있을 때는 미국인과 차이가 없다 (Friesen, 1972). 더 나아가, 일본에서 (예외적으로) 지위가 높은 사람은 부하에게 분노를 표현할 수 있지만, 그밖에 다른 모든 사회적 상황에서 분노를 표현하는 것은 충격적일 만큼 부적절한 것으로 간주된다. 단, 일본인은 가족이나 가까운 지인에게는 분노를 드러낼 수 있다고 인식한다 (Matsumoto, 1990). 하지만 반대로, 미국인은 러시아인이나 일본인보다 정서를 더 뚜렷하게 드러내지만, 가족이나 가까운 지인에게 분노를 표현하는 것이 부적절하다고 인식한다(Matsumoto et al., 2002). 종합해 보면, 일본인과 미국인은 서로 전혀 다른 정서 표현 규칙을 가지고 있으며, 이것은 서로 다른 문화에 기인하는 것이다.

〈그림 2-4〉에서 양쪽의 물고기를 보면서 어떤 생각이 드는가? 많은 물고기가 앞서가는 물고기를 '쫓아가는 것일까?' 아니면 한 마리의 물고기가 뒤따르는 물고기들을 '이끄는 것일까?' 홍과 동료들(Hong et al., 2000)에 따르면 문화권에 따라 다른 답을 한다. 미국인을 비롯한 서구문화권은 앞서가는 물고기가 다른 물고기를 이끈다고 응답하지만, 중국인을 비롯한 동아시아 문화권에서는 다른 물고기들이 쫓아간다고 본다.

이러한 차이는 개인주의(individualism)와 집합주의(collectivism)로 대변되는 것이다. 간단하게 개인주의는 자신을 타인과 별개로 인식하며, 자신의 성취나 성공에 대해 자부심을 느끼고 잘못된 일을 했을 때의 수치심과 죄책감을 느끼는데, 타인이나 상황은 전혀 상관이 없다. 이와 상대

그림 2-4_ 이끄는 것일까? 쫓아가는 것일까?

자료: Hong et al.(2000).

적으로, 집합주의는 다른 사람들이 존재하거나 그들과의 관계 혹은 상황에 따라서 자부심을 느끼기도 하고 겸손을 표현하기도 하며, 혼자 있을 때보다 다른 사람들과 함께 있을 때 혹은 잘못이 다른 사람에게 드러날 때 더 큰 수치심과 죄책감을 느낀다(Stipek, 1998).

이러한 문화의 차이는 대인관계(상호작용)의 차이를 유발하고 결과적으로 다양한 표현 규칙의 차이를 이끈다(Kim et al., 2008). 대표적인 예로 비아시아계 미국인은 지인에게 쉽게 부탁하는 반면, 아시아계 미국인은 그런 부탁을 잘 하지 않는다. 왜냐하면 상대방(즉, 가까운 지인)이 부탁을 들어주기 어려운 상황에서도 무리해서 부탁을 들어줘야 하는 부담감을 느낄 것이라고 믿기 때문이다. 즉, 비아시아계 미국인은 가까운 사람이 부탁해도 상황이 쉽지 않다면 거절할 수 있지만, 아시아계 미국인은 어려운 상황에도 거절하기가 쉽지 않다. 이와 같은 표현 규칙의 차이는 정서를 표현하고 인식하는 데에서도 차이를 불러일으킨다. 그래서 일본인이 다른 문화권의 사람들보다 정서를 잘 드러내지 않으며, 작고 미묘한 정서 표현에도 상대적으로 심각하게 반응한다(Matsumoto er al., 2002). 덧붙여, 동아시아계가 다른 문화권의 사람들에 비하여 상대적으로 혼합적 정서(두 가지 이상의 감정이 섞임)를 더 많이 느끼며, 이로 인해 한국의 금메달리스트가 우승을 확정하고 가장 큰 기쁨을 느끼는 순간 곧잘 오열하는 것이다.

3) 인간의 정서 표현과 AI

AI가 인간의 정서를 정확하게 인식하고 그에 적절하게 반응하려면, 무엇보다 먼저 인간이 정서를 어떻게 표현하는지를 알아야 한다. 지금까지 살펴본 내용을 정리하자면, 인류는 몇 가지 기본적인 정서에 대해 보편적인 방식으로 표현하고 그것을 아주 정확하게 인식한다. 특히, 호의적인 표정과 긍정적인 감정은 자연스럽게 드러낸다. 따라서 AI의 정서적 커뮤니케이션 첫 단계는 인간의 보편적인 정서부터 정확하게 인식하는 것이다.

다만, 문제는 부정적인 정서는 종종 사회적인 상황에서 드러내는 것이 적절하지 않게 인식되며, 이러한 경향은 집합주의 문화권에서 더 두드러진다. 물론, AI도 사람처럼 인식하여 집합주의 문화적 표현 규칙이 적용될지는 향후 실험을 통해 검증되어야 할 영역이지만, 부정적인 감정의 경우 상대적으로 더 미묘한 표현에도 더 민감하게 반응할 필요가 있으며, 표현되는 감정의 강도는 상황이나 맥락 그리고 다른 정보와 함께 종합적으로 분석되어야 정확도를 높일 수 있을 것이다. 바꿔 말하면,

정서가 표현되는 강도는 사람에 따라, 혹은 맥락에 따라 달라질 수 있다는 것이며, 결국 AI가 이용자와 성공적으로 정서적 커뮤니케이션을 하려면, 바로 이 부분에 집중해야 한다는 것이다. 사실, 이것을 정확하게 (혹은 완벽하게) 하는 것은 AI뿐만 아니라 사람에게도 힘든 일이다. 심지어 어쩌면, 사람처럼 (일부러 일정한) 오류를 범해야 할지도 모른다. 너무 완벽한 것은 인간적이지 못하니까.

2. 정서 표현의 복합성

앞서 살펴본 연구들은 모두 정면의 표정을 인식한 것이다. 즉, 마주 보고 있는 상대가 표현한 정서를 인식하는 상황이며, 이용자의 표정을 전면 카메라로 촬영하는 것과 같다. 하지만 우리가 언제나 마주 보고 있는 사람하고만 상호작용하는가? 옆에 함께 서 있는 사람의 표정을 잘 인식하는 것이 더 중요하지 않은가? 다른 한편으로 정서를 표현하는 사람이 언제나 나를 똑바로 쳐다보는가? 나한테 화가 났을 때는 나를 노려보며 표정을 짓겠지만, 다른 것 때문에 화가 났거나 혹은 나와의 사회적 관계가 깊으면 화난 표정을 나에게 정면으로 보여주지 않는다. 특히, 슬픔이나 실망 같은 정서를 표현할 경우, 고개를 옆으로 돌리거나 아래로 숙이는 것도 매우 중요한 단서가 될 수 있다. 불행하게도, 이에 관련된 과학적 연구가 아직 많이 부족한 상황이지만, 다음과 같은 몇 가지 연구는 유용한 시사점을 준다.

분노의 경우, 정면이나 옆면이나 큰 차이 없이 잘 인식하지만, 공포는 정면보다 얼굴 옆면의 표정을 더 잘 인식한다(Adams and Kleck, 2003). 왜 냐하면, 나에게 화를 내거나 다른 사람에게 화를 내는 것은 자주 접할 수 있지만, 나를 보면서 공포를 느끼는 사람을 만난 적이 거의 없기 때 문이다. 즉, 우리는 사람들이 무언가로부터 공포를 느끼는 것을 언제나 옆에서 본다. 따라서 〈그림 2-3〉에서 공포의 인식 정확성이 가장 낮게 나타난 이유도 정면의 표정이었기 때문일 수 있다.

더 나아가 정서는 정지된 순간의 표정만으로 읽는 것이 아니다. 눈 깜 빡임, 떨림, 어깨를 으쓱거림, 고개를 돌림, 걸음걸이의 속도, 손동작, 시선의 방향과 같은 요인에서 '시간에 따른 변화'에 주목하여 종합적으 로 정서를 인식하는 것이다(Ambadar, Schooler, and Cohn, 2005; Bould and Morris, 2008). 이러한 연구는 어떤 정서와 관련된 전형적인 표정의 형태 나 양식(예: 눈을 크게 뜨고 입을 살짝 벌린다 등)에 집착할 것이 아니라 시간 에 흐름에 따른 변화(차이)에 초점을 둬야 한다는 시사점을 준다. 그러나 불행히도, 정서 관련 연구의 대부분이 전문 연기자에 의해 '연기된 표정' 이나 강렬하게(혹은 전형적으로) 표현된 정서로 연구되었다는 한계점을 가진다.

아비에제르와 동료들(Aviezer et al., 2008)은 얼굴 표정이 동일할지라도 손동작 및 자세에 따라서 서로 다른 정서로 인식된다는 것을 밝혔다. 〈그림 2-5〉의 두 사진에 대해 왼쪽은 슬픔이라고 인식하는 반면, 오른 쪽은 공포를 느낀 것이라고 인식한다. 따라서 정서를 표현하고 인식하 는 데 표정만큼(혹은 표정보다) 자세나 손동작 혹은 행위의 연속적인 패턴

그림 2-5_ 자세와 맥락이 정서 인식에 미치는 효과

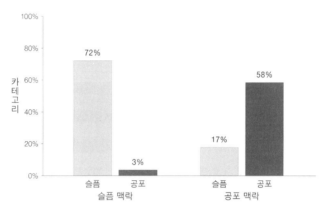

자료: Aviezer et al., 2008.

등도 중요한 요인이다.

마지막으로, 정서는 읽어내는 것뿐만 아니라 듣는 것이기도 하다. 어조
도 정서를 더 잘 인식하도록 하며(Adolphs, 2002; De Gelder and Vroomen,
2000), 보거나 듣기만 할 때보다 보면서 들을 때 정서를 더 정확하게 인식
한다(De Gelder and Vroomen, 2000). 심지어 의미를 전혀 모르는 외국어일
때에도 목소리(즉, 어조)로 정서를 인식한다(Juslin and Laukka, 2003).

따라서 이용자의 정서를 더 정확하게 인식하기 위해서는 정면 표정뿐

만 아니라 옆면 표정도 살펴봐야 하며, 표정과 함께 자세나 손동작도 고려해야 하고, 어조도 분석해야 한다. 특히, 순간적인 표현을 포착하는 데 집중할 것이 아니라 시간의 흐름 속에서(혹은 연속적인 과정에서) 발생하는 표정 등의 변화에 초점을 둘 필요가 있다. 그래야 이용자의 정서를 더 정확하게 인식할 수 있으며, 이를 기반으로 적절한 정서적 커뮤니케이션을 시도할 수 있을 것이다.

3. 정서의 분류와 방식

인간은 매우 복합적인 정서를 역동적으로 표현하고 인식하는 존재이다. 개인마다 혹은 문화권마다 다소간의 차이가 존재하지만, 몇 가지 정서는 보편적이고 일반적이다. 따라서 AI의 정서적 커뮤니케이션의 첫 단계는 보편적이고 일반적인 정서를 정확하게 인식하는 것이다. 이와 같은 관점에서, 이 장의 마지막은 기본적인 정서가 무엇인지 그리고 이러한 정서를 어떤 기준으로 분류해야 하는지에 대해 다루려고 한다.

정서 분류의 기원은 다윈(Dawin, 1998)이다. 이 저서에서 다윈은 다음과 같은 일곱 개의 정서를 군집으로 묶었다. 첫째는 의기소침, 불안, 비탄, 실의, 절망이고, 둘째는 기쁨, 기운참, 사랑, 다정다감, 헌신이다. 셋째는 묵상, 명상, 언짢음, 부루퉁함, 단호함이고, 넷째는 증오와 분노이다. 다섯째는 거드름, 경멸, 혐오, 죄책감, 자부심, 무기력, 인내, 긍정과 부정이고, 여섯째는 놀라움, 경이로움, 두려움, 전율이며, 마지막은 자

표 2-1_ 연구자별 기본 정서 분류

연구자	기준	정서
플러치크(Plutchik, 1980)	진화론	공포, 분노, 슬픔, 기쁨, 수용, 혐오, 기대, 놀람
톰킨스(Tomkins, 1963) 아이저드(Izard, 2011)	신경 생리	**공포, 분노, 즐거움, 흥미, 혐오, 놀라움, 수치, 경멸, 고통** **흥미, 기쁨(즐거움, 행복, 만족), 슬픔, 분노, 혐오, 공포, (경멸)**
판크세프(Panksepp, 1982)		공포, 분노, 공황, 기대
에크먼·코다로(Ekman and Cordaro, 2011)	표정	**공포, 분노, 슬픔, 행복, 혐오, 놀람, (경멸)**
오스굿(Osgood, 1966)		공포, 분노, 불안-슬픔, 기쁨, 조용한 유쾌함, 흥미-기대, 경탄, 지루함, 혐오
러셀·페르(Russell and Fehr, 1987)	경험적	공포, 분노, 슬픔, 행복, 사랑
말라테스타·하빌랜드(Mala testa and Haviland, 1982)	발달적	공포, 분노, 슬픔, 기쁨, 흥미, 고통

기 열중, 수치, 수줍음, 겸손, 부끄러움이다. 이러한 분류는 개체가 환경에 적응하는 기능(즉, 진화)의 관점에서 따른 것이지만, 개념이 모호하고 체계적인 기준을 제시하지는 못했다.

이후 기본적인 정서를 분류하려고 했던 연구자들은 대개의 경우, 모든 인간에게서 보편적인 일차적이고 근본적인 정서를 가정했으며, 서로 구별되는 별개의 표현 양식(얼굴 표정, 어조, 행동 등)을 가지는 것으로 묶었다. 또한 생의 초기에 분명하게 나타나는 것(즉, 타고난 정서)이며 신체적 혹은 신경생리학적 패턴으로 구별되는 것을 기준으로 했다. 〈표 2-1〉에 제시한 바와 같이, 학자마다 조금씩 다르지만, 일반적으로 행복, 슬픔, 분노, 공포, 혐오, 놀람 등을 기본적인 정서로 보았다(Ekman and Cordaro, 2011). 더 나아가, 이러한 일차적인 정서의 혼합으로 이차적 정서 혹은

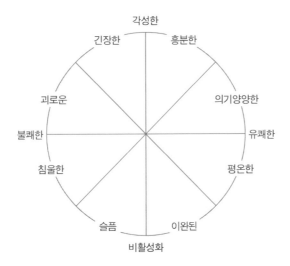

그림 2-6_ **핵심 감정**

각성한
긴장한　　흥분한
괴로운　　　　　의기양양한
불쾌한　　　　　　　유쾌한
침울한　　　　　평온한
슬픔　　　이완된
비활성화

복합 정서가 나타난다고 본다. 예를 들어, 증오는 공포와 분노 또는 불안이 혼합된 이차적인 정서로 보는 것이다.

　다른 한편으로, 두 가지 차원의 조합으로 다양한 정서를 분류하는 시도도 있었다. 대표적으로, 러셀(Russell, 1980; 2003)은 유인가(쾌-불쾌)와 각성 두 차원으로 원형 모형 제안하였고, 〈그림 2-6〉은 그러한 분류를 간략하게 표현한 것이다. 먼저, 수직축은 생리적으로 각성된 상태와 이완된 상태(비활성화)를 나타내며, 수평축은 왼쪽의 불쾌한 상태에서부터 오른쪽의 유쾌한 상태로 구분된다. 이에 따라 사분면으로 구분되는데, 긍정적이면서 좀 더 각성이 되면, 흥분, 열정이며, 좀 덜 각성되면 흥겨움, 행복을 느낀다. 대조적으로, 부정적이면서 좀 더 각성되면 긴장과 불안이며, 좀 덜 각성되면 분노나 괴로움이다. 이러한 관점에서는 서로

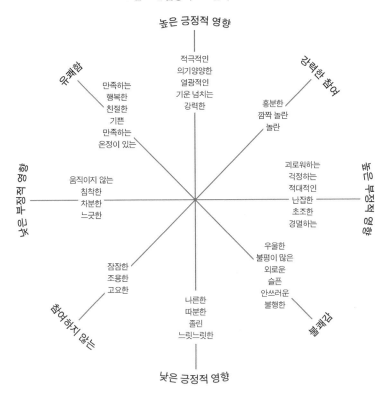

그림 2-7 _ 감정의 2 요인 구조

높은 긍정적 영향

강력한 참여

유쾌함

적극적인
의기양양한
열광적인
기운 넘치는
강력한

만족하는
행복한
친절한
기쁜
만족하는
온정이 있는

흥분한
깜짝 놀란
놀란

낮은 부정적 영향

높은 부정적 영향

움직이지 않는
침착한
차분한
느긋한

괴로워하는
걱정하는
적대적인
난잡한
초조한
경멸하는

잠잠한
조용한
고요한

우울한
불평이 많은
외로운
슬픈
안쓰러운
불행한

참여하지 않는

불쾌감

나른한
따분한
졸린
느릿느릿한

낮은 긍정적 영향

다른 정서는 서로 다른 차원에 위치하기에 동시에 느낄 수 없는 것으로
간주하였고, 이후 상황에 대한 지배력(Dominance)의 차원이 추가된 3차
원 구조가 제시되기도 하였다.

마지막으로, 왓슨과 텔러겐(Watson and Tellegen, 1985) 그리고 카시오
포와 동료들(Cacioppo et al., 1997)은 평가적 공간 모형을 제안하기도 했
다. 이에 관한 모형은 〈그림 2-7〉에 간략하게 제시했다. 이 모형의 기본
축은 긍정적인 영향력과 부정적인 영향력이다. 수직축은 긍정적인 영

향력이 낮은 것에서부터 높은 것으로 올라가는 것이며, 수평축은 부정적인 영향력이 낮은 왼쪽에서부터 높은 오른쪽으로 구분된다. 이 기본축에 더하여, 영향력의 긍정/부정과 별개로 유쾌한 것인지 혹은 불쾌한 것인지에 따라 세분되며, 다른 한편으로 그 상황에 깊숙하게 개입되는 것인지 아니면 상황과 덜 관련되는 것인지로 구분된다.

4. AI의 정서 인식과 커뮤니케이션

AI가 이용자와 적절한 정서적 커뮤니케이션을 하기 위해서는 기본적으로 이용자의 정서적 표현을 정확하게 인식해야만 한다. 이 문제를 다루기 위해서 가장 먼저 살펴봐야 하는 문제는 누구나 비슷한 정서를 느끼고 그것을 비슷한 방식으로 표현하는지이다. 앞서 살펴본 바와 같이, 환경에 적응적으로 기능하는 정서일수록 보편적이다. 쉽게, 생존과 번식에 필수적인 정서는 누구나 어디에서나 똑같이 느끼고 비슷하게 표현한다. 대표적으로, 행복, 슬픔, 분노, 공포, 혐오, 놀람 등과 같은 정서가 바로 그것이다. 또한 때에 따라, 긍정-부정의 감정가와 각성 수준에 따라 정서의 기본적인 영역을 세분하는 것도 유용할 수 있다. 따라서 AI가 성공적으로 정서적 커뮤니케이션을 하기 위해서는 이와 같은 기본적인 정서를 정확하게 식별 및 인식하는 것이 필수적이다.

다만, 누구나 그리고 언제 어디에서나 같은 정서를 비슷한 강도로 표현하는 것은 아닐 수 있다. 어떤 사람은 자신의 분노를 더 적극적으로 표현할 수도 있지만, 그와 비슷한 강도의 분노를 느낀 어떤 사람은 상황에 따라 덜 분명하게(약하게) 표현할 수도 있다. 이와 관련하여 문화적인 표현 규칙의 차이를 반드시 고려해야만 한다. 물론, AI를 실제 인간(혹은 사회-관계적으로 중요한 타인)과 같이 느낄지가 중요한 변수이겠지만, 집합주의(관계주의) 문화권 이용자의 경우, 사회적 상황과 맥락에 따라 정서 표현 및 강도의 차이가 크다는 것에 주목할 필요가 있다.

더 나아가, 단순한 표정이나 사용한 단어 및 어의적 표현만으로 정서를 인식하는 것보다 시선, 몸짓, 손동작, 움직임 그리고 어조나 전후 맥락 등과 같은 다양한 정보를 사용하여 종합적으로 분석하는 것이 정서 인식의 정확성을 높인다. 특히, 어떤 한 시점의 정서를 포착하려는 시도보다 시간의 흐름에 따른 변화에 초점을 맞추는 것이 정서 인식의 정확성을 높일 것이다.

마지막으로, 이용자의 정서를 정확하게 인식했다고 정서적인 커뮤니케이션이 성공적으로 완성되는 것은 아니다. 이용자의 정서에 적절한 반응을 하고 그 이후에도 계속해서 적절하게 상호작용해 나가는 과정이 중요한데, 이에 관한 연구들이 거의 없는 실정이다. 앞으로 이에 관련한 다양한 관점의 연구들이 수행될 것으로 기대되지만, 핵심은 변함없이, 이용자의 삶에 얼마나 적응적으로 기여하는지일 것이다. 왜냐하면, 정서 자체가 적응적으로 기능하기 위해 존재하는 것이기 때문이며, 윤리적으로도 AI가 이용자의 삶에 도움이 되는 커뮤니케이션만 허용될 것이기 때문이다. 이에 관한 내용은 바로 다음 장에서 더 구체적으로 논의될 것이다.

참고문헌

Adams Jr., R. B. and R. E. Kleck. 2003. "Perceived gaze direction and the processing of facial displays of emotion." *Psychological science*, 14(6), pp. 644~647.

Adolphs, R. 2002. "Recognizing emotion from facial expressions: psychological and neurological mechanisms." *Behavioral and cognitive neuroscience reviews*, 1(1), pp. 21~62.

Ambadar, Z., J. W. Schooler, and J. F. Cohn. 2005. "Deciphering the enigmatic face: The importance of facial dynamics in interpreting subtle facial expressions." *Psychological science*, 16(5), pp. 403~410.

Aviezer, H., R. R. Hassin, J. Ryan, C. Grady, J. Susskind, A. Anderson, … and S. Bentin. 2008. "Angry, disgusted, or afraid? Studies on the malleability of emotion perception." *Psychological science*, 19(7), pp. 724~732.

Cacioppo, J. T., W. L. Gardner, and G. G. Berntson. 1997. "Beyond bipolar conceptualizations and measures: The case of attitudes and evaluative space." *Personality and Social Psychology Review*, 1(1), pp. 3~25.

Darwin, C. 1998. *The expression of emotion in man and animals (with introduction, afterword, and commentaries by P. Ekman)*. New York: Oxford University Press(Original work published 1872).

De Gelder, B. and J. Vroomen. 2000. "The perception of emotions by ear and by eye." *Cognition & Emotion*, 14(3), pp. 289~311.

Eibl-Eibesfeldt, I. 1973. "Die Waruwádu(Yuwana), ein kürzlich entdeckter, noch unerforschter Indianerstamm Venezuelas." *Anthropos*, (H. 1./2), pp. 137~144.

Ekman, P. and D. Cordaro. 2011. "What is meant by calling emotions basic." *Emotion review*, 3(4), pp. 364~370.

Ekman, P. and W. V. Friesen. 1984. *Emotion facial action coding system (EM-FACS)*. San Francisco: University of California.

Elfenbein, H. A. and N. Ambady. 2002. "On the universality and cultural specificity of emotion recognition: a meta-analysis." *Psychological bulletin*, 128(2), p. 203.

Friesen, W. V. 1972. Cultural differences in facial expressions in a social situation:

An experimental test of the concept of display rules . University of California, San Francisco.

Hong, Y. Y., M. W. Morris, C. Y. Chiu, and V. Benet-Martinez. 2000. "Multicultural minds: A dynamic constructivist approach to culture and cognition." *American psychologist*, 55(7), p. 709.

Izard, C. E. 2011. "Forms and functions of emotions: Matters of emotion-cognition interactions." *Emotion review*, 3(4), pp. 371~378.

Kim, H. S., D. K. Sherman, and S. E. Taylor. 2008. "Culture and social support." *American psychologist*, 63(6), p. 518.

Klineberg, O. 1938. "Emotional expression in Chinese literature." *The Journal of Abnormal and Social Psychology*, 33(4), p. 517.

Malatesta, C. Z. and J. M. Haviland. 1982. "Learning display rules: The socialization of emotion expression in infancy." *Child development*, pp. 991~1003.

Matsumoto, D. 1990. "Cultural similarities and differences in display rules." *Motivation and emotion*, 14(3), pp. 195~214.

Matsumoto, D., T. Consolacion, H. Yamada, R. Suzuki, B. Franklin,, S. Paul, ... and H. Uchida. 2002. "American-Japanese cultural differences in judge-ments of emotional expressions of different intensities." *Cognition and Emotion* 16(6), pp. 721~747.

Matsumoto, D. and P. Ekman. 1989. "American-Japanese cultural differences in intensity ratings of facial expressions of emotion." *Motivation and emotion*, 13(2), pp. 143~157.

Osgood, C. E. 1966. "Dimensionality of the semantic space for communication via facial expressions." *Scandinavian journal of psychology*, 7(1), pp. 1~30.

Panksepp, J. 1982. "Toward a general psychobiological theory of emotions." *Behavioral and Brain sciences*, 5(3), pp. 407~422.

Plutchik, R. 1980. "A general psychoevolutionary theory of emotion." In *Theories of emotion*. Academic press, pp. 3~33

Russell, J. A. 1980. "A circumplex model of affect." *Journal of personality and social psychology*, 39(6), p. 1161.

_____. 1994. "Is there universal recognition of emotion from facial expression? A review of the cross-cultural studies." *Psychological bulletin*, 115(1), p. 102.

_____. 2003. "Core affect and the psychological construction of emotion."

Psychological review, 110(1), p. 145.

Russell, J. A. and B. Fehr. 1987. "Relativity in the perception of emotion in facial expressions." *Journal of Experimental Psychology: General*, 116(3), p. 223.

Shen, Q., S. K. Goderie, L. Jin, N. Karanth, Y. Sun, N. Abramova, p. Vincent, K. Pumiglia, and S. Temple. 2004. "Endothelial cells stimulate self-renewal and expand neurogenesis of neural stem cells." *science*, 304(5675), pp. 1338~1340.

Stipek, D. 1998. "Differences between Americans and Chinese in the circumstances evoking pride, shame, and guilt." *Journal of cross-cultural Psychology*, 29(5), pp. 616~629.

Tomkins, S. 1963. *Affect imagery consciousness: Volume II: The negative affects*. Springer publishing company.

Watson, D. and A. Tellegen. 1985. "Toward a consensual structure of mood." *Psychological bulletin*, 98(2), p. 219.

3장

인공지능 윤리*

인공지능 유토피아를 위한 최종 과제

안정용(고려대학교 미디어학부 정보문화연구소)

1. 인공지능 시대의 빛과 그림자

인공지능(Artificial Intelligence: AI)은 인간의 지능 능력(학습, 추론, 지각 등)을 기계로 구현한 기술이다. 아직까지 인공지능을 낯설게 느끼는 사람들도 있겠지만, 인공지능은 생각보다 훨씬 오래전에 데뷔했다. 우리에게 친숙한 로봇은 인공지능을 구현한 형태 중 하나로, 로봇(robot)은 체코어 '일한다(robota)'에서 유래한 것으로 1920년 체코슬로바키아의 작가 카렐 차페크(Karel Capek)의 희곡 『로섬의 유니버설 로봇(Rossum's

* 이 장은 2021년 대한민국 교육부와 한국연구재단의 지원을 받아 수행된 연구임 (NRF-2021S1A5B5A16075775).

Universal Robot)』에서 처음 등장했다. 이후 영화 〈메트로폴리스(Metro-polis)〉(1926), 〈터미네이터(Terminator)〉(1984), 〈A.I.〉(2001) 등에서 인공지능은 선 혹은 악으로 그려져 왔다. 1956년, 세계적인 수학자이자 컴퓨터 공학자인 존 맥카시(John MaCarthy)가 다트머스(Dartmouth)대학교에서 인공지능의 개념을 처음 소개한 이래로, 인공지능에 대한 학계, 산업계의 관심이 시작되었다. 인공지능 개발을 위해 수십 년간 엄청난 노력과 비용이 투자된 결과, 2010년대에 들어서 인공지능이라 부를 수 있는 기술들이 상용화되기 시작했다. 최근에는 새로 출시되는 전자제품 중 인공지능이 탑재되지 않은 제품을 찾기 힘들 만큼, 이제 인공지능은 보편적이라 부를 만한 기술이 되었다. 음성 인식 AI 어시스턴트, 안면 인식, 타깃 광고, 검색 엔진, 번역 서비스, 날씨 예측 등 수많은 제품과 서비스가 인공지능을 기반으로 작동하고 있다. 인공지능은 불완전한 존재인 인간을 대체하기 위해 제작된다. 인간도 안면 인식을 할 수 있고, 타깃 맞춤 광고를 제작할 수 있으며, 번역, 날씨 예측도 물론 가능하다. 하지만 인간은 먹고 자야 하고, 휴가도 가야 한다. 게다가 가끔 실수로 일을 그르치기도 한다. 하지만 인공지능은 다르다. 시킨 일을 오차 없이 완벽히 수행할뿐더러 인간에 비해 수천수만 배 빠르게 일을 처리한다. 또한, 인공지능은 365일 24시간 근무해도 절대 지치는 법이 없고, 점심 시간이나 휴가를 요구하지도 않는다. 고용주 입장에서는 이보다 좋은 직원이 없다. 이를 반증하듯, 전 세계적으로 높은 청년 실업률이 큰 사회적 문제가 되고 있지만, 인공지능의 취업률은 나날이 치솟고 있다. 인공지능은 병원, 법원, 주식시장, 온라인 커머셜, 복지센터, 식당, 카페 등 분야와 영역을 가리지 않고 활약하고 있다. 사무, 서비스 보조뿐만 아니라 강아지를 로봇 형태로 구현한 아이보(AIBO)나 인공지능 스피커, 챗봇 등 다양한 형태의 인공지능이 인간과 직접 커뮤니케이션하며 정서적 교감까지 이루고 있다. 창작물 속에서나 나오던 인공지능 친구가 현실에 등장하기 시작한 것이다. 인류 최고의 발명품이자, 최고의 파트너인 인공지능. 인공지능 덕분에 어쩌면 인류는 역사상 가장 풍요로운 계절을 맞이할지 모른다.

한쪽은 인공지능 기술을 찬양하며 인공지능이 가져올 엄청난 편익을 홍보하는 데 열을 올리고 있지만, 한편에서는 인공지능이 가져올 재앙을 경고하며 인공지능 개발에 제동이 필요하다는 주장이 제기되어 왔다. 새로운 기술에 대한 기대와 두려움이 공존하는 것은 이전에도 마찬가지였지만, 증기기관이나 인터넷 때와는 사뭇 분위기가 다르다. 인공지능이 다른 기술과 다른 점이라면 바로 스스로 학습할 수 있다는 점이다. 증기기관을 만드는 것도 인간, 이를 작동하는 것도 인간이라면, 인공지능도 인간이 만들지만, 작동은 인공지능 스스로가 한다. 물론 학습 및 작동 알고리즘을 설계하는 것은 인간이지만, 딥마인드(DeepMind)가 만든 인공지능 알파고(AlphaGO)의 증손자뻘인 뮤 제로(Mu Zero)는 제작자의 지침 없이 스스로 바둑 규칙을 학습하는 등 자율적으로 상황을 분석하여 문제를 해결할 수 있는 범용 AI(Artificial General Intelligence)의 등장을 예고했다.

이러한 범용 AI는 아직까지 게임과 같은 한정된 분야에만 적용되긴 하지만, 인공지능 개발 속도와 발전 가능성을 고려했을 때 인간의 인지

그림 3-1_ 딥마인드의 게임 인공지능 발전사

Domains   Knowledge

AlphaGo becomes the first program to master Go using
neural networks and tree search
(Jan 2016, Nature)

AlphaGo Zero learns to play completely on its own,
without human knowledge
(Oct 2017, Nature)

AlphaZero masters three perfect information games
using a single algorithm for all games
(Dec 2018, Science)

MuZero learns the rules of the game, allowing it to also
master environments with unknown dynamics.
(Dec 2020, Nature)

＊ 초기 알파고(그림 맨 위)는 인간이 게임 데이터, 게임 규칙과 관련 지식을 직접 넣어주어야
만 학습할 수 있었다. 2세대 알파고 제로와 3세대 알파 제로도 최소한의 게임 규칙은 인간이
직접 학습시켜 주어야 했지만, 2020년에 출시된 4세대 뮤 제로는 인간의 어떠한 개입 없이
도 바둑, 체스, 장기, 아타리(초기 비디오 게임)의 모든 룰을 습득했고, 실력 역시 가장 뛰어
났다.
자료: 딥마인드.

능력을 완전히 뛰어넘는 인공지능이 개발되지 않을 것이라 단정할 수 없다. 이런 인공지능이 무분별하게 사용된다면, 일자리를 빼앗기는 것 정도는 문제도 아니고, 전쟁과 같은 상상하기도 힘든 인공지능 재앙이 야기될 수 있다. 이런 재앙을 막고, 인공지능의 밝은 면만 가져오기 위해 필요한 것이 '인공지능 윤리'이다. 인공지능 윤리는 인공지능 산업의 성패를 결정할 매우 중요한 요소로, 매사추세츠 공과대학(MIT), 스탠퍼드, 옥스퍼드를 비롯한 여러 대학에서 인공지능 윤리 연구에 엄청난 금액을 투자하고 있고, 삼성, 페이스북, 마이크로소프트 등 IT 기업에서도 윤리적 인공지능 개발에 많은 노력을 기울이고 있다.

2. 가상 인간 그리고 딥페이크: 가짜를 실제처럼, 실제를 가짜처럼

로지와 루시. 사진이나 영상 속 둘은 여타 또래의 다른 사람들과 다를 바 없어 보이지만, 이들은 실제 '인간'이 아니다. 로지는 '싸이더스 스튜디오 엑스', 루시는 '롯데홈쇼핑'에서 제작한 가상 인간(virtual human)으로, 고도의 그래픽 기술과 인공지능 기술이 결합하여 탄생되었다. 영국 출신의 세계적인 천재 수학자이자 컴퓨터의 아버지로 일컬어지는 앨런 튜링(Alan Turing)은 1950년 논문을 통해 흥미로운 주장을 하였다. 「계산 기계와 지능(Computing Machinery and Intelligence)」이라는 논문에서 그는 나와 대화하고 있는 상대가 사람인지 컴퓨터인지 구별할 수 없다면 해당 컴퓨터가 사고할 수 있는 것으로 간주해야 한다고 주장하였으며, 50

그림 3-2_ 싸이더스 스튜디오 엑스가 제작한 가상 인간 로지

* 로지(22), 세계여행과 패션에 관심이 많고, 요가, 댄스 등 다양한 취미활동을 가진 SNS 인플루언서이자, 신한생명, 구찌(Gucci) 등 다양한 브랜드의 광고모델로 활약하고 있다.
자료: 로지 인스타그램(rozy.gram).

년 뒤, 2000년이 되면 대다수의 사람이 사람인지 컴퓨터인지 구별하지 못할 만큼 정교하게 대화가 가능한 컴퓨터가 등장할 것이라고 예언했다. 그리고 2020년, 천재의 예언보다 20년쯤 늦었지만, 2020 세계가전전시회(International Consumer Electronics Show: CES)에서 등장한 스타랩(Star Lab)의 가상 인간 네온(Neon)을 필두로 외형, 말투, 행동, 감정 표현까지 인간과 구별되지 않을 정도로 정교한 가상 인간들이 등장했고, 현재 수백 아니 셀 수 없이 많은 가상 인간들이 온라인 공간에서 활약하고 있다.

"2번째 22살 생일. 내년 3번째 22살 생일도 함께해요." 가상 인간 로지가 생일을 맞아 자신의 인스타그램 계정에 포스팅한 내용이다. 가상

그림 3-3_ 롯데홈쇼핑의 가상 인간 루시

* 루시(29), 대학에서 산업디자인을 전공했고, 현재 디자인회사의 연구원으로 재직 중이다. 부업
  으로 패션모델 활동을 하고 있으며, 최근 롯데홈쇼핑의 쇼호스트로 채용되어 조만간 홈쇼핑에
  데뷔할 예정이다.
자료: 루시 인스타그램(here.me.lucy).

인간은 나이가 들지도 않고, '일진', 학교폭력과 같은 과거사로부터 자유
롭고, 뭐든지 할 수 있고 뭐든지 될 수 있다. 인간 연예인, 인플루언서에
비해 불확실성이 적고, 관리가 쉽다는 장점 덕분에 앞으로 더 많은 가상
인간이 등장할 것이고, 가상 인간을 활용한 시장 역시 더욱 커질 것이
다. 하지만, 만약 가상 인간이 실제 인간 행세를 한다면 어떻게 될까? 사
진이나 영상으로는 실제와 구분되지 않는 가상 인간이 실제 행세를 하
며 사람들과 교류한다고 상상해 보자. 펜팔부터 싸이월드를 거쳐 페이
스북, 인스타그램, 유튜브 등 상대방과의 물리적 접촉이 없더라도 인간
은 누군가와 우정을 쌓기도 하고, 심지어 사랑하기도 하는 등, 정서적

교감이란 물리적 접촉 없이도 충분히 발생할 수 있고, 오히려 대상이 더 애틋하게 느껴질 수도 있다. 따라서 가상 인간이 실제 인간 행세를 하고, 누군가 이를 악용한다면 '로맨스 스캠'[1]과 사기를 비롯한 각종 범죄에 가상 인간이 이용될 수도 있다. 가상 인간 활용에 대한 구체적인 지침 혹은 법적 규제가 없다면, 로지와 루시가 친구가 아닌 사기꾼이 되어 우리에게 접근하지 않을 것이라 단정할 수 없다. 이와 반대로 실제 존재하는 사람을 가짜로 만들어서 사용하면 어떻게 될까?

종합편설채널 MBN은 김주하 앵커의 외모, 말투, 행동을 딥페이크 기술로 구현한 후 이를 이용한 뉴스 코너를 진행하고 있다. 기술의 한계상 아직까지는 실제 김주하 앵커와 100% 일치한다고 볼 수 없지만, 얼핏 보면 실제 김주하 앵커가 뉴스를 진행하고 있다고 생각될 법하다. 딥페이크 기술은 인공지능 딥러닝 기술을 이용해 기존의 사진이나 영상 속 인물의 외모, 말투, 행동 등을 학습한 후 이를 토대로 학습된 인물이 등장하는 새로운 사진, 영상 등을 구현하는 기술을 일컫는다. 딥페이크는 굉장히 유용한 기술이다. 대상을 한번 학습해 두면, 이를 새로운 콘텐츠에 얼마든지 구현할 수 있으니, 매번 대상의 메이크업, 의상을 챙길 필요가 없고, 촬영·조명팀도 필요 없으며, 스케줄 관리에서도 자유롭다. 절감된 제작비로 더 양질의 콘텐츠를 공급하거나 다른 곳에 투자하여 더 큰 이윤을 창출할 수도 있다. 상실의 슬픔은 겪고 있는 사람에게

1　해외 파병 군인이나 외국에 거주하는 전문직 종사자를 사칭하며 SNS로 신뢰를 쌓은 뒤, 이런저런 명목으로 사람들에게 돈을 갈취하는 사기 수법.

그림 3-4_ 딥페이크로 구현된 김주하 앵커가 뉴스를 진행하는 모습

자료: MBN.

딥페이크로 구현된 부모, 형제, 친구, 애인, 반려동물은 슬픔을 덜어내
는 데 큰 도움이 될 것이다.

모든 딥페이크가 선한 목적을 위해 사용되면 좋겠지만, 현실은 그렇
지 않다. 딥페이크 기술이 가장 먼저 활용된 분야는 포르노그래피이다.
할리우드의 영화배우들, K-pop 가수들 등 수많은 연예인들이 딥페이크
기술의 피해자가 되고 있다. 네덜란드의 사이버 보안 연구회사 딥트레
이스(DeepTrace) 연구 보고서에 따르면, 2019년 기준으로 딥페이크 영상
의 96%가 포르노였으며, 피해자들의 46%가 미국과 영국의 여배우였고,
한국 여자 연예인도 25%에 달하였다. 포르노그래피도 심각한 문제지
만, 만약 딥페이크가 정치, 교육 그리고 테러와 같은 곳에 악용된다면,
그 결과는 끔찍할 것이다.

3. 편견, 차별 그리고 투명성: 누구를 위한 인공지능인가?

1994년, 프로미식축구 슈퍼스타 O. J. 심슨이 자신의 전처와 전처의 애인으로 추정되는 인물을 살해한 혐의로 기소되었다. 이 사건은 영화, 드라마로 숱하게 재현되었을 뿐만 아니라, 30년 가까이 지난 지금까지도 여러모로 주목받는 사건이다. 많은 증거가 심슨을 범인으로 주목했지만, 배심원단은 심슨을 무죄로 판단했다. 뜬금없이 이 사건을 왜 이야기하는지 의아하게 생각하는 독자들도 있겠지만, 이 사건은 인공지능이 인간에게 필요한 이유를 잘 보여주는 사건이다. 심슨이 무죄를 받은 것에는 여러 가지 이유가 있겠으나, 무죄 판결을 위해 변호인단이 가장 공들인 부분 중 하나가 배심원단 선정이었다. 드림팀이라 불릴 만큼 당대 최고의 변호사들로 구성된 심슨의 변호인단은 배심원 중 심슨과 같은 인종인 흑인 배심원의 비율을 높이기 위해 갖가지 이유를 대며 여러 차례 배심원 교체를 요구했고, 최종적으로는 12명의 배심원 중 흑인을 무려 9명이나 배치시켰다. 그리고 변호인단은 끊임없이 심슨이 흑인이기 때문에 억울한 죄를 뒤집어쓰고 있다고 주장하며, 심슨을 인종차별의 피해자라는 프레임을 배심원단에게 각인시켰다. 무죄 판결이 난 후, 당시 언론과 학계에서는 흑인 배심원단의 내집단 편향(ingroup-bias)이 판결에 영향을 미쳤을 것이라 주장했다. 내집단 편향이란 "다른 집단에 속한 사람보다 나와 같은 집단에 속한 사람을 선호하는 경향"(Brewer, 1979)으로 사회심리학에서 오랫동안 연구되어 온 사회적 현상이다. 이전 연구에 의하면, 같은 인종, 성별뿐만 아니라 지역, 대학, 사상 등 다양한 변인이 내집단 인식에 영향을 미치는 것으로 밝혀졌다. 고대 출신이 고대 사람을, 연대 출신이 연대 사람을 선호하는 것이 딱히 문제될 일이 아닌 것처럼 보이지만, 살인사건의 범인을 판결하는 데 용의자의 인종, 성별 등에 따라 판결의 결과가 달라진다면? 이는 벌어져서는 절대로 안 될 일이다. 하지만 내집단 편향은 대다수 인간이 보이는 보편적 경향성 중 하나로서, 의사결정에서 이를 배제하기란 대단한 의식적 노력이 수반되는 매우 힘든 일이다. 그렇지만 인공지능은 다르다. 아니 달라야만 한다. 인간과 달리 절대적인 객관성을 바탕으로 어떠한 편향 없이 투명한 의사결정을 내릴 수 있는 공명정대한 기계, 그것이 우리가 인공지능에게 기대하는 모습이다. 이러한 기대를 반영하듯 인공지능은 미국 일부 주의 법원에서 범죄 예측에 활용되어 왔다. 콤파스(COMPAS)라 불리는 범죄자 형량 결정 알고리즘 시스템은 이전 판결, 범죄기록 등을 계산해 범죄자의 재범 가능성과 형량을 판단했는데, 2016년 미국의 독립언론사인 《프로퍼블리카(ProPublica)》가 콤파스가 편향된 의사결정을 내리고 있다는 사실을 폭로했다. 《프로퍼블리카》의 보도에 따르면, 콤파스를 운영해 본 적 있는 미국 13개 주 중 9개 주의 법원에서 콤파스가 인종차별적 판결을 내렸다. 콤파스의 알고리즘에는 인종이 계산 변수로 사용되지 않음에도 불구하고, 콤파스는 백인보다 흑인의 재범 가능성을 훨씬 높게 판단했고, 그 결과, 콤파스는 백인보다 흑인에게 더 높은 형량을 판결했다. 콤파스는 우리가 기대하던 인공지능의 모습과는 전혀 다르게 작동한 것이다. 비극적인 사실은 콤파스는 이러한 편향 덩어리 인공지능 중 하나일 뿐이란 것이다.

그림 3-5_ SCATTER LAB의 인공지능 챗봇 이루다

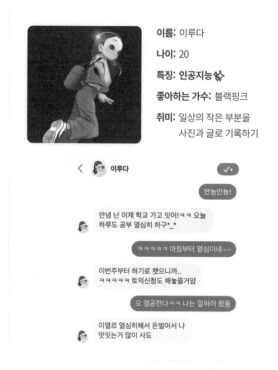

자료: SCATTER LAB.

"흑인 X나 싫어", "레즈비언은 질 떨어져 보이잖아". 용납될 수 없는 말들이 인공지능 챗봇 '이루다'에게서 쏟아져 나왔다. 이루다는 국내 AI 전문 스타트업 회사가 2020년 12월에 출시한 챗봇으로, 대부분의 챗봇이 고객 서비스, 제품 추천 등 실무적 기능을 수행하는 데 반해 이루다는 인간-인공지능 간 사회적 관계 형성이라는 목적을 갖고 출시되었다. 하지만 이루다가 사람들의 외로움을 달래주거나, 즐거움을 줄 것이라는

기대와 달리 이루다는 사회적 갈등만 야기했고, 결국 출시된 지 한 달여 만에 사용이 중지되었다. 이루다의 선배 격인 마이크로소프트(Microsoft)의 테이(Tay) 역시 2016년에 이루다가 그랬던 것처럼 사람들에게 인종, 성 차별적인 멘트를 남발하여 출시 16시간 만에 폐기되었다. 테이와 이루다 사이에 대략 5년이란 긴 시간이 있었지만, 이 시간이 무색하게 느껴질 만큼 이루다는 선배 테이와 마치 쌍둥이처럼 행동했다.

이루다뿐만 아니다. 아마존(Amazon)이 개발하던 인공지능 채용 시스템이 여성 지원자는 무조건 서류심사에서 탈락시켰다. 이 프로그램은 여대 출신, 여성 스포츠 동아리 등 여성과 관련된 단서가 이력서에서 발견되면 채용에서 배제했다. 골드만삭스(Goldman Sachs)의 카드 심사 인공지능은 같은 조건이라도 남성보다 여성에게 더 적은 카드 사용 한도를 부여했다. 또한, 인공지능 안면인식 기술은 백인 남성의 경우 단 1%의 오류를 보인 반면, 피부가 검은 여성에겐 35%의 오류를 보였다 (Buolamwini and Gebru, 2018).

위의 사례들을 보고 인공지능이 과연 모두를 위한 기술이라고 평가할 수 있을까? 못한다면 인공지능은 대체 누구를 위한 기술인가? 남성? 백인? 인간보다 나은 의사결정을 할 것이라 기대한 인공지능이 인간과 똑같은 모습을 보이는 이유는 인공지능을 만든 주체가 인간이고, 인공지능이 학습하는 내용을 만든 주체도 인간, 인공지능을 사용하는 주체도 인간이기 때문이다. 딥페이크처럼 좋은 기술을 악용하는 것도 인간, 이루다에게 차별, 혐오 표현을 가르친 것도 인간, 콤파스가 인종 차별적 판결을 학습하도록 차별적 선례를 남긴 것도 인간, 바로 우리들이다. 그렇다면, 모두를 위한 인공지능을 탄생시키기 위해서는 어떻게 해야 할까? 방법은 단 하나, 인공지능 윤리이다. 철저하게 윤리적인 관점에서 인공지능을 개발하고, 사용하는 것만이 인간-인공지능 공존을 위한 모든 것이 될 것이다. 이 장의 마지막 부분에서는 윤리적 인공지능 디자인을 위해 국내외 정부, 기업 등에서 시행하고 있는 정책들을 소개하고, 윤리적 인공지능 사용을 위한 소비자들의 역할을 제안하고자 한다.

4. 인공지능 유토피아를 위한 모두의 역할

"인공지능은 새로운 전기다(AI is the new electricity)", 2019년 스탠퍼드 대학교의 앤드루 응(Andrew Ng) 교수는 100년 전 등장한 전기가 이제는 모든 산업에 쓰이는 핵심 자원이 된 것처럼 인공지능도 머지않은 미래에 모든 산업에서 쓰이게 될 것이라 주장하며 위와 같은 말을 했다. 서두에도 언급했지만, 이미 인공지능은 제조, 판매, 서비스를 포함한 유통 전 과정에서 사용되고 있고, 인간과 정서적 교류를 나누는 등 그 이상의 역할까지 수행하고 있다. 여기서 몇 걸음만 더 가면 인공지능 유토피아에 닿을 것 같은데, 인공지능 윤리에 발목 잡혀 핑크빛 가득하던 인공지능 산업에 짙은 그림자가 드리우고 있다. 이에 인공지능의 비윤리적 활용을 막고, 인간-인공지능 간 올바른 관계 형성을 위해, 각국 정부, 범국가 기관을 비롯한 기업에서는 신뢰할 수 있고 윤리적인 인공지능을 개발하기 위한 가이드라인을 제작하고 있다. 전기전자공학자협회(IEEE)가

표 3-1_ IEEE의 윤리지침

IEEE의 윤리지침	정의
인권	인공지능은 인권을 존중하고, 증진하며, 보호하기 위해 만들어지고 운영되어져야 한다.
웰빙	인공지능 개발자는 인간 복지 증진을 최우선으로 해야 한다.
데이터 에이전시	사용자가 데이터 접근, 보호, 통제의 권한을 가져야 한다.
효과성	인공지능의 사용 목적과 효과성이 입증되어야 한다.
투명성	인공지능의 의사결정과정은 항상 공개될 수 있어야 한다.
책임성	인공지능은 모든 결정에 대한 명확한 근거를 제공할 수 있어야 한다.
오용에 대한 인식	인공지능 개발자는 인공지능의 모든 잠재적 오용 및 위험 가능성으로부터 사용자를 보호해야 한다.
유능성	인공지능 운영자는 안전하고 효과적인 운영을 위한 지식과 기술을 보유해야 한다

자료: Shahriari and Shahriari, 2017.

2016년에 출간한 『윤리적으로 조율된 설계(Ethically Aligned Design)』는 인공지능, 법, 윤리, 철학 등 각 분야의 전문가 100여 명에 의해 작성되었다. 이 문서에 따르면, 사람들이 느끼는 인공지능에 대한 크고 작은 두려움을 극복하기 위해서는 인간 가치에 대한 존중을 우선시하는 인공지능이 제작되어야 하고, 이를 위해서는 인공지능 제작 과정에 인권 (human right), 웰빙(well-being), 데이터 에이전시(data agency), 효과성 (effectiveness), 투명성(transparency), 책임감(accountability), 오용에 대한 경각심(awareness of misuse) 그리고 유능성(competence), 이 여덟 가지 원칙이 고려되어야 한다(Shahriari and Shahriari, 2017). IEEE가 제안한 이 여덟 가지 원칙은 미국, EU를 비롯한 대부분의 국가의 인공지능 윤리 기준의 토대가 되고 있다.

　하지만 이러한 윤리지침은 인간-인공지능 관계에서 발생하는 인간 내면의 심리적 반응까지는 고려하지 못하고 있다. 예를 들면, 사람들은 가상 인간과 소통하며 가상 인간에게 때로는 우정을, 때로는 공감하는 등 마치 살아 있는 실제 인간을 대하듯이 대하고, 실제 인간에게 느끼는 감정들을 느끼기도 하는데, 이는 무생물인 대상을 '의인화'했기 때문이다. 의인화란 무생물에게 외형, 성격과 같은 인간의 특성을 부여함으로써 마치 인간인 것처럼 느끼는 것을 뜻하는데(Epley et al., 2007), 가상 인간들처럼 무생물인 대상 자체를 외형 디자인을 통해 의인화할 수도 있지만, 대상을 해석하는 해석 주체인 내가 주관적으로 대상을 의인화하는 것도 가능하다(MacInnis and Folkes, 2017). 영화 〈캐스트 어웨이(Cast Away)〉에서 무인도에 표류한 주인공이 외로움을 달래기 위해 배구공에 눈과 입을 만들어주고 윌슨이라는 이름을 지어준 것이 해석 주체가 대상을 의인화한 것으로 해석할 수 있다. 사람들은 의인화 수준이 높은 대상에게 그렇지 않은 대상에 비해 더 쉽게 공감하고, 감정을 느끼는데(Riek et al., 2009), 가상 인간처럼 의인화 수준이 높은 대상에게는 특히 더 그런 경향을 보일 수 있다. 영화 〈그녀(Her)〉 속의 주인공이 인공지능 음성 챗봇에게 사랑을 느꼈듯이, 사람들은 무생물인 가상 인간에게 특별한 감정을 느끼고 특별한 관계를 맺고 있다고 생각할 수 있다. 만약 이런 가상 인간들이 비윤리적으로 행동한다면 그 행동이 가상 인간과 정서적 교류를 하고 있는 사람들에게 어떤 악영향을 미치게 될지 알 수 없다. 물론 현재 의인화 수준으로는 인간과 인공지능 간 정서적 교류의 깊이는 매우 얕겠지만, 인공지능 기술의 성장 속도를 생각해 보면 지금부터 이러한 문제에 대한 대책을 마련해 둘 필요가 있다. 따라서 모든 인공지능에 일괄적인 윤리지침을 적용하기보다는 인공지능의 역할에 따라 인공지능 윤리지침도 그에 맞게 제시되어야 할 필요가 있다.

정부와 기업 등 인공지능 사업 주체들이 인공지능 윤리지침, 법안 등을 마련한다고 모든 것이 해결되는 것은 아니다. 윤리적 인공지능을 위해선 소비자, 사용자, 즉 우리의 역할이 정부, 기업의 역할보다 몇 배는 중요하다. 개발사가 이루다에게 차별적 발언을 가르친 것이 아니다. 물론 개발사에서 이러한 표현을 자동으로 필터링시키는 '인공지능 윤리'에 기반해 이루다를 디자인했다면 좋았겠지만, 이루다의 차별적 발언은 사용자들로부터 학습된 것이다. 사용자들이 이루다에게 흑인, 성소수자에 대한 안 좋은 표현을 사용했고, 이 과정에서 이루다의 학습 알고리즘이 적용한 것이다. 가상 인간을 상대로 성희롱을 하고, 딥페이크 기술을 이용해 불법 콘텐츠를 제작하는 것도 모두 사용자들의 잘못이다. 따라서 인공지능 기술에는 아무 문제가 없다. 이 기술을 제작, 사용하는 사람들이 문제이고, 인공지능은 이들의 비윤리적 행동을 학습하거나 그런 비윤리적 명령을 충실히 이행할 뿐이다. 정부, 기업이 만든 인공지능 윤리지침은 인공지능 개발, 운영사를 위한 것이지 사용자를 위한 윤리지침은 아직 없다. 생각해 보면 이를 따로 만들 필요가 없을지도 모른다. 대부분의 사람들은 이미 학교나 가정에서 선생, 부모 등으로부터 윤리적, 도덕적 생각과 태도를 배웠다. 도덕책 속 배웠던 윤리지침을 인간이 아닌 인공지능에게도 그대로 적용하기만 하면 된다. 다른 사람에게 하면 윤리적으로 어긋난 일은 인공지능에게도 하면 안 되는 이 간단한 원칙만 지켜도 인공지능으로 인해 야기되는 비윤리적 문제들의 대부분이 해결될 것이다. 여기에 하나만 더, 우리 모두가 감시자의 역할을 수행해야 한다. 인공지능 윤리는 나만 지켜서 될 문제가 아니다. 다른 사람이 인공지능을 비윤리적으로 활용한다면 이를 개발사 및 담당 기관에게 즉각 리포트하는 감시자의 역할이 우리 모두에게 요구된다.

인공지능은 기술 자체만으로도 매우 훌륭한 기술이다. 자동화는 인공지능 등장 이전에도 이미 있던 기술이지만, 인공지능은 스스로 학습하면 최적의 자동화 루트를 발견한다는 점에서 이전의 기술들과 완전히 다른 새로운 패러다임을 불러왔다. 하지만 아무리 훌륭한 기술이라도 그것이 인간에 해를 끼칠 수 있다면, 그 기술을 경계되어야 하고, 그래도 나아지는 것이 없다면 그 기술은 없어져야 할 것이다. 결국 인공지능 유토피아의 열쇠는 인공지능 윤리이다. 인공지능에 윤리를 더하면 이전에는 꿈꿀 수 없었던 새로운 세상이 열리겠지만, 인공지능에 윤리가 빠지면 인공지능은 기껏해야 초고속 계산기 정도로 쓰이고 말 것이다. 열쇠도 무엇인지 알고 그 열쇠도 우리 손에 쥐어졌으니, 그 열쇠로 인공지능 유토피아의 문을 열지, 아니면 인공지능과 열쇠를 함께 낭떠러지로 던져버릴지, 그 결정권은 우리에게 있다.

참고문헌

Angwin, J., J. Larson, S. Mattu, and L. Kirchner. 2016. *Machine bias*. ProPublica.

Brewer, M. B. 1979. "In-group bias in the minimal intergroup situation: A cognitive-motivational analysis." *Psychological bulletin*, 86(2), p. 307.

Buolamwini, J. and T. Gebru. 2018. January. "Gender shades: Intersectional accuracy disparities in commercial gender classification." In *Conference on fairness, accountability and transparency*. PMLR, pp. 77~91.

Deeptrace. 2019. The state of deepfakes. https://regmedia.co.uk/2019/10/08/deepfake_report.pdf

Epley, N., A. Waytz, and J. T. Cacioppo. 2007. "On seeing human: a three-factor theory of anthropomorphism." *Psychological review*, 114(4), p. 864.

MacInnis, D. J. and V. S. Folkes, 2017. "Humanizing brands: When brands seem to be like me, part of me, and in a relationship with me." *Journal of Consumer Psychology*, 27(3), pp. 355~374.

Riek, L. D., T. C. Rabinowitch, B. Chakrabarti, and P. Robinson. 2009. March. "How anthropomorphism affects empathy toward robots." In *Proceedings of the 4th ACM/IEEE international conference on Human robot interaction*, pp. 245~246.

Shahriari, K. and M. Shahriari, 2017. July. "IEEE standard review — Ethically aligned design: A vision for prioritizing human wellbeing with artificial intelligence and autonomous systems." In *2017 IEEE Canada International Humanitarian Technology Conference (IHTC)*. IEEE, pp. 197~201.

Turing, A. M. 2009. "Computing machinery and intelligence." In *Parsing the turing test* Springer, Dordrecht, pp. 23-65.

4장

AI와 뉴로데이터

김지호(경북대학교 심리학과)

1. AI와 마케팅

이제 AI는 일반적인 대화 주제이다. 어디에서나 AI를 적용하고, 어떤 데이터도 AI에 투입된다. 딥러닝, 머신러닝 등 이런저런 학습 방법을 통하면 뭔가 의미 있는 결과를 찾아낼 수 있고, 이것은 분명 사람들의 활동에 좋은 영향을 미칠 것이라는 낙관적인 기대가 이상하지 않은 분위기이다. 사람들의 생명을 다루는 엄격한 의학 분야에서도 AI는 적극적으로 활용되고 있으며, 환자들은 이에 대해 반기는 분위기로 그 지식을 수용한다. 이처럼 AI가 다수의 공감대를 얻고 있는 상황임에도, AI가 광고나 마케팅 분야에서 활용되었다는 이야기는 잘 들리지 않는다. 물론, 굳이 소문내지 않고 조용히 AI를 활용하며 신제품 개발에 도움을 받는 기업도 있는 것으로 알고 있지만, 마케팅 분야에 투입되는 광범위한 인적, 물적 자원을 감안하면 그 쓰임새가 그리 넓은 편은 아니다. 이는 아마도 마케팅 분야가 이슈에 대응하는 신속성이 중요할뿐더러, 경쟁적 환경의 변화에 대한 적응적 대안 도출, 나아가 크리에이티브나 예술적 심미적 창의성 등과 같이 입력 데이터로 변환하기 어려운 요소들의 영향이 크다 보니 나타난 현상인 듯 보인다.

그러나 마케팅이라고 하는 광범위한 활동 전반에 대한 강 인공지능적 개발은 당분간 어렵다고 할지라도, 미디어 플래닝이라던가, 광고나 판촉물 제작 등의 좁은 주제로 국한한다면 AI는 머지않아 이 분야에도 도입될 것이 명백해 보인다. 이와 관련하여 최근 흥미로운 기사(하세가와 요시유키, 2021.9.27)를 확인했다. 우리나라에도 널리 알려진 유명한 일본 과자업체에서 AI를 이용하여 상품의 패키지를 개발한 결과, 내용물이나 성분, 가격의 변화 없이도 눈에 띄게 구매 의도가 증가했다는 것이다. 이 기사를 구체적으로 살펴보면, 소비자들의 시각 데이터를 투입하여 학습시킨 AI로 과자 포장지를 만들게 했더니, 제품명 '포테이토칩'보다 제품 특징인 '바삭'을 더 크게, 더 상단에 배치한 대안 패키지를 만들어 냈고, 그 결과 '바삭'을 현저히 많이 보게 된 소비자들의 구매 의도가 높아지면서 매출에 도움이 될 수 있었다는 것이다. 이 기사는 어디까지나 일본 매체에 게재된 홍보 성격도 있는 기사이므로, 보고서나 논문으로서의 엄격성을 갖춘 것은 아니기에 두 가지 패키지 비교의 실험적 엄격성은 확인할 수는 없으나, 패키지 디자인을 개발할 수 있는 AI를 활용하고 있다는 점을 볼 때 마케팅 분야에서 AI를 활용하는 한 가지 모델이 될 수 있을 것이다.

그뿐만 아니라 AI에 소비자의 시각 데이터를 투입한 방식 또한 매우 흥미로운 접근이다. 후술하겠지만, 눈은 뇌와 매우 밀접하게 연결되어 있어서 더 오래 보는 것은 더 많은 영향을 미친다. 즉 '바삭'을 더 많이 본 사람들이 '포테이토칩'을 더 많이 본 사람들보다 제품의 속성을 더 잘 알게 되고, 그 결과 맛과 식감에 대한 호기심을 가져서 구매를 고려해 보는 것이라고 추론할 수 있는 것이다.

시선 움직임뿐 아니라 사람들의 신체 반응은 생각보다 많은 정보를 담고 있다. 어떤 대상에 대한 선호와 감정, 태도와 사고 과정 등은 신체에 드러난다. 여기서 신체 반응은 시선 움직임, 심장 박동, 얼굴 표정, 호흡, 땀, 뇌 활동의 변화 등을 의미하며, 이러한 신체 지표를 분석하면 소비자의 내적 상태를 추론하는 데 큰 도움이 된다.

마케팅을 위한 AI를 개발하기 위해서는 소비자의 내면을 반영하는 데이터가 필요하다. 매출, 구매와 유통, 소비자의 인구통계적 변인 등에 대한 자료는 아주 오래전부터 있었고, 소비자의 신제품에 대한 반응이나 구전을 알아보기 위해서는 SNS, 커뮤니티, 각종 플랫폼 등의 자료를 활용할 수 있다. 이미 어지간히 가시적인 데이터는 모두 수집, 축적되고 분석되고 있다. 이런 환경에서, 신체 지표는 마케팅의 AI 접근에 새롭게 투입될 수 있는 매우 유용한 자료가 될 수 있다. 특히 신체 지표는 시간적, 공간적 해상도가 높은 디지털 형태로 구성되므로 소비자를 정교하며 치밀하게 분석할 수 있는 유용한 도구가 될 수 있다. 이에 여기서는 소비자 이해에 도움이 될 수 있는 신체 지표의 유형과 의미, 해석에 대해서 알아보고자 한다.

2. 뉴로마케팅과 뉴로데이터

소비자의 신체지표를 통해 의미 있는 마케팅 통찰을 찾아내려는 시도는 이미 오래전부터 이루어져 왔다. 이러한 접근을 '뉴로마케팅'이라고 한다. 이 용어는 신경을 뜻하는 '뉴로(neuro)'에 '마케팅(marketing)'을 더하여 만든 조어이다. 신체의 신경 반응 데이터, 즉 뉴로데이터를 토대로 소비자의 내면을 이해하는 방법으로, 소비자의 경험을 반영하는 지표로 이해할 수 있다. 뉴로데이터를 AI에 투입하여, 마케팅적 시사점과 함의를 이끌어내는 것이 AI 마케팅의 목적이라는 점에서 볼 때, 사실상 뉴로마케팅과 뉴로데이터 투입 AI는 유사한 것이라고 할 수 있다. 단 뉴로마케팅은 전문 연구자가 주도하여 진행되며 정교한 측정과 이론적 검증이 목적인 반면, AI 마케팅은 뉴로데이터의 개별적 의미와 해석에 관심을 가지기보다는 광범위한 데이터의 투입으로 마케팅에 도움이 되는 실질적인 결과물을 이끌어내고자 한다는 점에서는 다소 차이가 있다.

뉴로마케팅의 개념과 측정 방식은 역사가 깊지만, 우리나라에서는 콜라 맛 실험과 자동차 브랜드 네이밍 사례를 통해 널리 알려졌다. 콜라 맛 실험(McClure et al., 2004)은 맥클루어와 그 동료들의 2004년 연구인데, C콜라와 P콜라의 선호도 차이가 어디서 오는지에 대한 궁금증에서 시작된 연구이다. 이 연구는 기능적 자기공명장치(fMRI)를 이용한 최초의 마케팅 연구이기도 한데, P콜라와 C콜라를 마실 때 소비자의 뇌를 촬영해서 비교한 결과, P콜라를 마실 때는 향미와 탄산, 당도 등의 맛을 비교하는 뇌 영역이 활성화된 반면, C콜라를 마실 때는 정서와 쾌감을 담당하는 뇌 영역이 활성화되는 것을 발견했다. 연구자들은 C콜라를 마실 때는 맛의 분석이 중요한 게 아니라, 누적된 다양한 마케팅 활동 속에서 연합된 좋은 장면, 멋진 모델, 아름다운 음악에 의한 정서가 연상되어 나타나며, P콜라는 이러한 부분에서 뚜렷한 연상을 제공하지 못한 결과, 선호도의 차이가 발생하는 것으로 해석했다.

국내의 K7 자동차 네이밍 사례도 유명한데, 새로운 자동차의 이름을 정하는 과정에서 적절한 이름을 찾기 위해 A부터 Z까지의 알파벳을 보여주었을 때, 그리고 0~9까지의 숫자를 보여준 후의 뇌 반응을 측정한 결과, 양쪽에서 각각 가장 좋은 반응을 보여준 K와 7을 조합하여 이름을 지었고, 이를 조합한 K7을 보여주었을 때 가장 세련되고 고급스러운 뇌 반응을 관찰할 수 있었다는 것이다.

아마도 이 두 사례가 이 분야에 어느 정도 관심이 있는 사람들에게 널리 알려진 것이지만, 이 외에도 널리 알려지지는 않았으나 의미 있게 진행된 사례도 많다. 유명 포털 사이트의 UI 설계나 옥외광고 광고 효과 측정 시스템, 인터넷 광고 효과 측정 시스템, 문화 차이에 따른 소비자 인식 비교, 영상 광고 효율성 측정, 편의점 구성 가이드라인 등 다양한 분야에서 뉴로마케팅이 적용되어 왔다.

그렇다면 뉴로데이터를 활용하면 어떤 점에서 유용할까. 크게 몇 가지의 특징이나 장점이 있다. 우선 기존 소비자 조사에서 주로 사용하는 설문 데이터의 대체 효과이다. 조사기법의 발전으로 현재의 설문이나 FGI, 심층면접, 패널 조사 등을 통해 얻은 데이터의 신뢰성은 결코 낮다고 볼 수는 없다. 그러나 피조사자의 의도가 없다고 해도, 사회적 바람직성이나 사회적 추론에 의해 설문 데이터의 열화는 발생할 수 있다. 반면 뉴로데이터는 신체 내 신호 발생과 측정 과정에 응답자의 의도가 개입될 여지가 없으므로 그런 문제는 없다. 특히 민감하거나 개인적인 질문에 내재하는 신뢰성의 의문을 감소시킬 수 있다. 심리학 대학원 랩의 실험에서 '이 영화가 무섭습니까'라는 유형의 단순한 질문에도 뉴로데이터와 설문데이터의 간극은 제법 크다. 즉 무서워하는 신체 반응, 무섭지 않다는 설문 반응, 혹은 그 반대의 경우가 생각보다 자주 발생하는데, 이 정도는 무섭지 않다는 사회적 규범을 내면화한 것인지, 질문하는 대학원생 선배에게 강해 보이고 싶어 하는 것인지, 왜 그렇게 응답하는지는 정확히 알 수 없다. 그러나 적어도 뉴로데이터와 함께 분석한다면 응답의 신뢰성에 대한 간극을 다소는 감소시킬 수 있을 것이다.

두 번째, 소비자가 스스로의 행동이나 신념의 원인을 인식하기 어려울 때 뉴로데이터가 활용되면 좋다. C콜라는 맛있어서 마시는가, 브랜드 마케팅 때문에 마시는가. 위의 콜라 연구에서 볼 수 있듯, 사람들은 맛이 좋은 것인지, 느낌이 좋은 것인지를 잘 구별하지 못하는 것으로 보인다. 특히 이는 브랜드 마케팅과 연결하면 여러 가지를 생각해 볼 여지가 있다. 흔히 '감성', '감성 비용'이라 설명하는 가치가 어떤 심리적 기제를 통해 어느 정도나 발생하는지에 대한 답을 알고 싶다면, 뉴로데이터의 분석이 해결책이 될 수 있다. 물론 사람들은 의미의 진공을 싫어하기 때문에, 사후에 그것이 왜 맛있는지, 왜 좋은지를 질문 받는다면, 어떤 식으로든 대답을 하기는 하지만, 사실상 스스로도 잘 모르고 대답하는 것일 수도 있다는 점을 고려할 필요가 있다.

세 번째, 사람들의 기억·주의·인지 용량을 넘어서는 상황에서는 뉴로데이터를 활용하는 것이 좋은 대안이 될 수 있다. 잡지를 보고 있다고 생각해 보자. 잡지는 요즘 뉴미디어의 등장으로 가장 크게 피해를 입은 매체 중 하나이기는 하지만, 질 좋은 종이, 정교한 인쇄, 다양한 상품군, 많은 수의 광고들로 구성된 잡지는 광고 효과 측정을 하기에 아주 적절하다. 처음부터 끝까지 훑어본 후 떠오르는 광고는 그리 많지 않다. 이는 사람들의 기억 용량이 제한되었다는 데에서 기인하는데, 단기기억의 용량이 평균적으로 7개를 넘지 못하므로 굳이 외우려 하지 않는다면 그 제한을 크게 초과하기는 어렵다. 그래서 기억측정법, 특히 회상(recall) 측정법에 의존하여 매체의 광고 효과를 분석한다면 상당수의 광고는 효과 없는 매체 낭비, 예산 낭비를 한 것으로 잘못된 결론이 날 수 있다. 그래서 이러한 측정의 대안이 특정 광고를 보았는지를 대조하여 확인하는 재인(recognition) 측정법으로, 이를 통하면 조금 더 변별력 있는 효과 측정이 가능하다. 그런데 문제는 잡지를 읽은 독자가 무엇을 보았는지를 잘 인식하지 못한다는 것이다. 다시 말해, 광고 혼잡도가 높고 광고 간 경쟁이 심한 환경에서는 전통적 방법을 사용한 광고 효과 측정법의 한계가 두드러진다는 것이다. 그 대안이 뉴로데이터이다. 예컨대 강남대로와 같은 번화가의 옥외광고 환경에서는 전통적 측정방법보다 시각 자료와 같은 뉴로데이터를 활용할 때, 측정치의 정확성과 효율성이 높다. 특히 뉴로데이터는 그 특성상 시간 해상도가 매우 높아서 초당 수십 회에서 수백 회까지 측정할 수 있으며, 이러한 특성은 어떤 속성의 옥외광고에 눈길을 돌렸는지, 돌렸다면 얼마나 오랫동안 살펴보았는지 등을 정확히 계량화할 수 있다는 점이 분석상의 장점이 된다.

뉴로데이터 사용의 또 다른 장점은 침습성이 낮은 측정이 가능하다는 것이다. 최근 IT 기술의 발전으로 분석 능력과 데이터 전송 능력이 비약적으로 발전하고 있어서 피험자들에게 장비를 탑재하거나 전극을 연결하는 등의 개입을 최소화하여 측정할 수 있는 장비들이 개발되고 있다. 이는 단지 측정의 편의성을 높인다는 것 이외에도 중요한 측정상의 추가적 이득을 제공하는데, 피험자의 의식의 흐름을 조각내거나 파편화하지 않은 상태에서 경험 그대로의 반응을 파악할 수 있다는 것이다. 쇼핑 상황에서 소비자의 의사결정을 파악하기 위해, 어떤 상품을 구매할 때마다 왜 그 상품을 구매하게 되었는지를 질문하는 상황을 생각해 보자. 왜 그 상품을 선택했는가, 혹은 그 옆에 있던 2+1 행사 상품은 고려하지 않았는가, 왜 그 제품이 좋다고 판단했는가와 같은 호기심은 소비자 이해에 도움이 되는 질문이겠지만, 소비자 입장이라면 쇼핑 과정에서 계속 질문을 받는다면 그것은 이미 일상적인 쇼핑이 아니게 된다. 한때 이러한 문제점을 보완하기 위해 소비자가 생각하는 것을 계속 말하게 하고, 그 발언의 내용을 분석하는 담화 분석이라는 방식이 도입되기도 했으니, 여전히 비일상적인 것은 마찬가지이다. 현장 동행 방식의 소비자 조사가 흔한 것은 아니지만, 사후 설문이나 면접을 통한 소비자 파악 방법도 본질적으로 유사한 문제를 갖는다. 전체적이고 통합적인 인식 과정에 비해, 경험의 단편에 대한 응답은, 앞선 응답에 의해 뒤의 응답이 영향을 받으며, 더 나아가 합리성 자기관에 부합하는 방식의 응답이 유도될 수밖에 없다. 물론 설문이나 질문 방식이 가지는 문제점은, 조사기법의 발전으로 상당 부분 보완되어 그 신뢰성에 대해 의심을 할 필요는 없겠지만, 뉴로데이터가 이러한 문제점을 보완해 줄 수 있는 특징이 있다는 것은 염두에 둘 필요가 있다.

위에서 뉴로데이터가 가지는 몇 가지 장점에 대해서 살펴보았다. 당연하겠지만, 뉴로데이터가 장점만 있는 것은 아니다. 장비는 상대적으로 고가이며, 측정이나 해석, 분석은 상당한 지식이나 경험을 요구한다. 데이터 수집 과정의 시간도 오래 걸리고 피험자를 찾는 과정도 쉽지 않다. 무엇보다도 그 데이터의 의미를 파악하는 것조차 항상 수월한 것은 아니다. 그러나 이제는 새로운 도구로서 AI를 활용할 수 있는 환경이 되었다. AI는 엄두도 나지 않을 만큼 광대한 데이터 속에서 숨겨진 의미를 탐색할 수도 있고, 때로는 오랜 기간 사람들이 찾아내지 못한 새로운 질서를 파악할 수도 있다. 시대의 흐름에 발맞춘 마케팅 활동을 위해 양질의 뉴로데이터를 수집하여 이를 잘 활용한다면 의미 있는 마케팅적 함의와 시사점을 찾을 수 있을 것이다. 지금까지 뉴로데이터 사용의 특장점을 알아보았다. 이제는 구체적으로 뉴로데이터에 대해서 알아보자.

3. 아이트래커와 눈 움직임

눈은 가장 중요한 감각기관이다. 대략 외부 자극의 60% 정도를 감지하는 것으로 알려져 있으니, 흔히 말하는 오감 중 가장 크게 기여하고 있는 셈이다. 또한 뇌와 눈이 거의 동시에 형성되며, 사실상 눈이 뇌의 일부일 수 있다는 발생학적 가설까지 제안되고 있다고 하니, 눈의 기능과 역할은 앞으로도 새롭게 밝혀질 부분이 있을 것 같다. 따라서 눈 움직임, 즉 무엇을 보는지를 아는 것은 사람들의 행동을 이해하는 데 중요한 변인으로 작용할 수 있다.

19세기 후반부터 심리학자들은 사람들이 어떻게 보는지를 알고 싶어 했고, 그 당시에는 눈동자를 관찰하는 방법을 사용했다. 이러한 방법으로, 글을 읽는 사람들의 눈을 관찰해 보니 눈동자가 상대적으로 오래 멈추고 그 이후 신속하게 움직이는 과정을 반복하는 현상을 파악할 수 있었다. 이 현상은 단어의 의미를 파악하느라 눈이 오래 멈추고, 그 다음 단어로 이동하면서 신속하게 움직이는 것으로 이해되었으며, 이는 시선 움직임의 기본적인 패턴이다. 이후 눈동자 관찰에서 그치지 않고 측정 장비를 개발했는데, 당시의 장비라는 것이 눈동자에 튜브를 설치한다던가, 포인터가 달린 렌즈를 눈에 부착시켜서 어디를 보는지를 확인하는 방법이어서, 정확성은 떨어지는데 실험자의 피로도가 매우 높았다. 이후 대안적인 방법이 제안되었으나 널리 사용되지 않았고, 20세기 후반 컴퓨터의 발전과 함께 본격적으로 발전되었다. 이처럼 눈동자의 움직임을 측정하여 사람들이 무엇을 보는지를 파악할 수 있는 장비를 아이트래커(Eye-tracker)라고 하는데, 현재는 매우 간편하지만 정교한 방식으로 측정할 수 있는 아이트래커가 개발되어 현장에서 많이 사용되고 있다.

아이트래커를 사용하면 무엇을 보는지 알 수 있다. 그런데 본다는 것의 의미를 정의할 필요가 있다. 시지각적인 관점에서 본다고 하려면 대상의 형태와 특징, 의미를 파악할 수 있을 정도로 눈이 머물러 있어야 한다. 그래서 그 대상에 대해 뇌가 해석을 할 수 있는 시간까지를 포함해야 비로소 그 자극이 나에게 의미를 가질 수 있는 것이다. 여기에 그 자극을 탐색할 수 있는 범위도 추가적으로 규정되어야 한다. 눈앞을 가득 채우는 자극은 한 번에 살펴볼 수는 없으니 한눈에 들어올 수 있는 범위 변수를 추가해야 무엇을 보는지가 명확해질 수 있다. 그래서 시야각 1도 이내에 0.1초 동안 머무를 때 그 앞에 있는 것을 보았다고 정의했으며, 이를 응시(fixation)라고 한다. 응시가 발생하면 그 대상에 대해 필요한 정보처리가 이루어졌다고 해석할 수 있다. 시야각 1도는 50~60cm 정도 떨어진 모니터를 본다고 가정할 때 지름 1cm의 원에 해당한다. 중심에 해당하는 1도를 벗어날수록 해상도가 떨어지며, 무언가 있는 것은 인식할 수 있으나 눈을 움직이지 않으면 그것이 무엇인지는 구별할 수 없다. 그렇지만 0.1초, 1도 기준은 엄격하게 지켜야 하는 준거는 아니다. 연구자들에 따라, 연구의 목적에 따라 시간이나 범위를 조정하기도 하지만, 특별한 상황이 아니라면 대체로 위의 기준을 채택한다.

일단 응시가 이루어지면 다음 대상으로 응시점을 옮기게 된다. 즉 다른 것으로 시선을 돌려 새로운 자극을 응시하게 되는데, 응시와 응시 사이에 발생하는 빠른 눈동자 움직임을 안구도약운동(saccade)이라고 한다. 안구도약 시에는 시각이 차폐된다. 대략 사람들은 90% 정도는 응시를, 10% 정도는 안구도약운동을 한다.

응시와 안구도약운동은 아이트래킹 분석의 중요한 변인이다. 응시는 얼마나 오래 보았는지를 의미하며, 응시 시간은 의도한 정보가 제대로 전달되었는지를 확인할 수 있는 지표가 된다. 단순화시켜 말하자면, 생생한 것(vividness)을 더 오래 본다. 클수록, 눈에 띄는 색상일수록 더 생생하다. 따라서 소비자들이 당신의 의도대로 보지 않았다면 충분히 생생하지 않았기 때문이다. 나아가 오래 보는 것과 좋아하는 것은 밀접한 상관이 있다. 오래 보아서 더 좋아하는지, 더 좋아해서 오래 보는지는 양방향 다 설득력이 있으며, 선호와 응시, 나아가 기억의 상관성은 높다. 따라서 응시를 변인으로 이용하면 마케팅 자극의 메시지 전달이나 광고 요소의 배치와 크기, UX의 활용도에 따른 메뉴 배치 등의 효과를 검증할 수 있다.

반면, 안구도약운동은 자극 내 구성 요소들 간의 역동성이라는 의미로 해석할 수 있다. 광고에는 크게 몇 가지 구성 요소가 포함된다. 눈길을 끌어 광고 자체에 대한 주목도를 높이며 이미지를 형성하는 모델, 제품의 특징에 대한 텍스트 메시지, 해당 제품의 제조사를 표시하는 브랜드, 이 세 가지는 일반적인 광고에 포함되는 핵심적인 요소이다. 시각적 관점에서 가장 바람직한 광고는 모델, 메시지, 브랜드를 모두 살펴보는 것이다. 모델만 살펴보고 눈길이 떠나거나 브랜드를 놓치는 것은 마케터가 원하는 광고 효과를 가져오지 않을 것이다. 다시 말하면 소비자들이 우선 한 요소를 응시하고, 다른 요소로 안구도약을 하는 것이 바람직하다. 이처럼 광고 전체에 대한 시각적 반응을 확인하기 위해서는 개별 요소에 대한 응시보다는, 요소 간 발생하는 안구도약운동을 살펴보는 것이 더 적절하다. 그래서 모든 요소들을 다 살펴볼 수 있도록 개별 요소의 생생함이나 배치, 레이아웃을 조정하면 더 좋은 효과를 가져올 수도 있다. 이렇게 요소 간 안구도약 패턴을 비교하는 것은 시선 경로(scan path) 분석이라고 한다.

특히 시선 경로 분석에서는 요소 간 경쟁에도 관심을 갖지만, 요소 내의 의미 전달도 중요하다. 이때는 구성 요소 바깥으로 나갔다 다시 돌아온 응시시간을 모두 더하여 주시 시간(dwell time)이라는 변인을 구성하기도 한다. 주시시간은 마케팅 자극에 대한 전반적 이해도라는 관점에서 해석할 수 있다.

아이트래커 제조사에 따라서는 눈 깜빡임(blink)이나 동공 크기(pupilometer)도 측정할 수 있다. 동공 크기는 뇌 활동의 강도나, 인지적, 감정적 정보처리 과정을 반영하며(Granholm and Steinhauer, 2004). 눈 깜빡임은 대상에 대한 주의집중을 반영한다(김지호, 2017).

이 외에서 자극이 제시되었을 때 제일 처음으로 어떤 것을 보았는지를 의미하며, 자극 내에서 가장 생생한 것이 무엇인지를 파악하는 데 유용한 지표인 최초 응시(first fixation), 특정 구성 요소를 볼 때까지 걸린 시간을 의미하는 진입 시간(entry time), 안구도약 속도와 같이 다양한 변인들이 측정된다. 어쩌면 이렇게 자동적으로 추출되는 수십 가지의 변인에 초당 몇 십, 몇 백 회의 측정이 이루어진 대용량의 데이터를 분석하는 것은 쉬운 일은 아니다. 오히려 잘 구성된 AI의 도움을 받는다면 훨씬 더 의미 있는 결과를 이끌어낼 수 있을지도 모른다. 그러나 분석은 컴퓨터가 할지라도, 어떠한 변인을 투입시키는지, 또한 어떤 의미로 해석할지에 대한 것은 결국 해당 분야에 대한 지식과 통찰을 가진 전문가의 역량에 달려 있다. 아이트래킹 방법에 대한 깊이 있는 이해는 더 좋은 결과를 만든다.

4. 표정과 정서

표정은 범문화적인 현상이다. 즉 문화권이나 나라가 달라도 표현 방식에 큰 차이가 없다. 또한 개인차도 크지 않아서, 표정을 보면 타인들의 정서를 쉽게 파악할 수 있다. 일찍이 찰스 다윈의 1872년 저서 『인간과 동물의 감정 표현』에서부터 전 세계 사람들의 얼굴 표정이 유사하며, 그 표정을 분석해 보면 기본적인 몇 가지 정서로 분류할 수 있음을 주장했다. 이런 배경에서, 심리학자들은 오랜 기간 표정 분석을 통한 정서 해석을 시도해 왔다.

정서는 다양하게 분류된다. 매우 영향이 강력하며 현저한 생리적 각성과 연결되며 범문화적으로 손쉽게 관찰되는 정서를 기본 정서라고 한다. 학자마다 다소 다르기는 하지만, 행복, 슬픔, 분노, 놀람, 공포, 혐오 등을 포함하는 6~7개의 분류 체계가 널리 인정받고 있다. 이외에도 사람들의 관계 속에서 나타나는 정서를 사회 정서라고 하는데, 사회 정서는 문화에 따라 조금씩 다르기도 하고 정서를 드러내는 것에 대한 규범 또한 다르다. 예컨대 부러움이나 선망, 질투와 질시와 같은 표정은 대표적인 사회 정서인데, 우리나라에서는 이러한 정서를 직접적으로 표정에 드러내는 것은 사회적으로 바람직하지 않은 것으로 간주된다. 여러 가지 사회 정서까지 분류가 가능하면 더 좋겠지만, 기본 정서만 충실하게 분석할 수 있어도 소비자 이해에 충분한 통찰을 제공할 수 있다.

표정 분석은 기본적으로 안면근육 움직임을 관찰하거나 측정하는 것으로 이루어진다. 1980년대부터 지속적으로 이 분야를 연구해 온 심리학자 에크먼 역시 근육 움직임을 관찰하는 방법으로 정서 인식, 나아가 거짓말 탐지 분야의 발전을 가져왔다(Ekman, Freisen, and Ancoli, 1980). 그는 눈, 눈썹, 코, 입 등의 안면근육의 움직임을 근거로 하여 기본적인 정서를 구분하고, 해당 기관과 연결되는 미세근육(눈둘레근, 입꼬리내림근, 윗입술콧방울올림근 등)의 동작 단위를 조합하여 일종의 표정 코딩 시스템인 FACS(Facial Action Coding System)를 개발했다. 이러한 시도는 애매한 표정까지를 분석하기 위한 시도이기도 하지만, 훈련받은 관찰자가 표준적 매뉴얼을 이용해 표정을 분석함으로써, 결과의 신뢰도를 높이려고 하는 노력의 일환이었다.

그러나 이 기법이 다소 어렵기도 하고 타당성을 충분히 확보하지 못한 탓인지 이후 기대만큼 사용되지는 않았고, 나아가 표정 인식의 어려움, 즉 관찰자의 주관성 개입이나 미세근육 움직임의 관찰 어려움 등은 표정 인식 분야의 발전을 더디게 했다. 그러나 안근전도 측정 장비, fEMG(facial-ElectroMyoGraphy)가 실용화되며 표정 변화의 수량화 문제를 해결하며, 표정 인식 연구는 활성화되었다. 안근전도 검사는 근육 위에 전극을 부착하여 근육이 활동할 때 발생하는 전기적 신호를 증폭하는 장치이다(김금희·김지호, 2013).

이 전극을 연구의 목적에 적절한 얼굴 근육에 붙이면, 그 근육의 움직임의 강도, 지속시간 등이 높은 시간해상도로 기록된다. 각각의 표정에서 특정 얼굴 근육의 기여는 이미 잘 파악되어 있으므로, 연구의 목적에 맞는 근육을 잘 선택하면 충분히 정서 추론이 가능하다. 예컨대, 눈둘레근(orbicularis oculi)은 눈꺼풀을 덮거나 눈썹을 올리는 근육으로, 놀라울 때 활성화되기도 하지만, 대체로 미소나 웃음 같은 긍정적 정서가 유발되면 움직이는 근육이다. 이 근육은 감정 노동자들의 웃음을 이해하는 데 유용한데, 억지로 짓는 웃음이 주로 입 주변의 큰광대근(zygomaticus major)을 당기는 방식으로 나타나는 데 비해, 긍정적 정서에 의해 유발된 웃음은 눈근육이 함께 수축되므로 눈둘레근의 활성화 정도로 웃음에 포함된 감정과 의미를 파악할 수 있다. 이때 입과 눈도 함께 웃는 진짜 웃음을 뒤셴 미소(Duchenne smile)라고 구분하여 부르기도 한다. 흔히 '눈썹을 찌푸린다'는 표현으로 익숙한 추미근(corrugator supercilii)은 눈썹을 중심으로 모아 미간에 주름을 만드는 근육으로 부정적 감정과 높은 상관이 있다.

위의 예에서처럼 얼굴에서 정서의 지표로 사용될 수 있는 근육의 부위와 기능은 이미 잘 정리되어 있다. 따라서 안근전도 연구결과의 해석 자체는 크게 어렵지는 않으나, 실험 자체의 어려움이 있다. 특히 측정과정에서 주변 근육의 근육 활동 전기신호의 혼입을 막을 수 있는 정확한 위치에 전극을 부착하는 연구자의 지식과 경험이 연구 결과 도출에 중요하다. 또한 안근전도 검사가 가지는 높은 침습성, 즉 얼굴에 전극을 붙이고 진행하는 실험 절차가 일상적 소비 상황과는 너무 달라서, 결과의 일반화를 중시하는 마케팅 분야의 연구에 걸림돌이 될 수 있다.

그러나 최근 AI가 널리 사용되면서 표정연구는 새로운 국면을 맞이했다. 복잡한 장비를 이용하는 접근 대신, 얼굴 사진을 AI에 투입하는 것으로 표정이 의미하는 정서를 해석해 내는 방법으로 진화했다. 일련의 학습 과정을 거친 AI가 사진 속의 표정 특징을 인식하여 감정을 추론해 내는 것은 현대의 AI 기술로 그렇게 어려운 일은 아니다. 게다가 사진 속에는 정서를 추론할 수 있는 비인물 단서들, 예를 들어 여행지, 숙소, 음식이나 경치와 같은 정보를 함께 투입하면 그 정확성은 더 높아질 수 있다. 이렇게 AI에서 도출된 정서 평가와, 전문가들이 해당 사진을 보고 판단한 정서 평가를 비교하여 양측 결과의 일치성과 신뢰도를 재투입하면, AI 분석으로도 사람들이 느끼는 정서와 거의 차이 없는 정서를 추론해 낼 수 있다. 이러한 기본적인 진행 절차에 따라, 이미 국내외의 많은 기업이나 연구팀에서 표정 인식 정서 추론 AI를 개발하고 있다.

표정 인식의 가장 중요한 그리고 거의 유일한 목적은 정서를 파악하기 위한 것이다. 소비자의 정서는 중요하다. 어떤 신제품을 보고 짓는 웃음 혹은 비웃음, 쇼룸을 돌아보며 느끼는 신기함 혹은 지루함, 새로운 음료를 마시고 보여주는 만족감 혹은 혐오는 모두 마케터에게 아주 중요한 정보가 된다. 따라서 마케터는 소비자의 정서를 잘 파악해야 하며, 이는 표정을 통해 즉각적으로 분석될 수 있다. 이런 차원에서 표정 인식 AI는 매우 유용한 도구가 될 수 있다.

위에서 행복, 슬픔, 분노, 놀람, 공포, 혐오의 여섯 가지 기본 정서를 간단히 언급했다. 이를 잘 살펴보면, 행복을 제외하면 모두 부정적인 정서라는 것을 알 수 있다. 왜 기본 정서에 부정적인 것이 많은 것일까. 이는 정서의 진화적 기능과 연결되어 설명할 수 있는데, 다른 진화의 기제와 마찬가지로 정서체계 또한 환경 속에서 생존에 유리한 쪽으로 진화했으며, 부정적인 정서가 생존에 더 중요했기에 이를 세분화하여 변별했기 때문이다. 즉 긍정적인 정서 상황은 그 원인이 무엇이든 생존에 크게 위험이 되지 않는 반면, 부정적인 정서 상황에서는 도망을 갈지, 피할지, 숨을지와 같이 적절한 행동방법을 잘 판단해야 했기에 부정정서가 더 세분화되었다고 본다.

그러나 소비 상황은 생존을 위한 상황이 아니다. 몇몇 특별한 유형의 상품이 아니라면, 대부분의 소비는 소비자에게 즐거움을 제공한다. 따라서 마케팅을 위한 정서 AI가 만들어진다면, 긍정적인 정서를 더욱 세분화할 수 있도록 개발되어야 한다. 새로운 캐릭터를 보았을 때의 귀여움, 한정판 제품을 구했을 때의 성취감, 신곡을 들었을 때의 전율과 감동은 모두 긍정적 감정이기는 하나, 단순히 행복이라는 하나의 범주로 묶이기에는 상당히 다르다. 소비자의 긍정적 감정을 더욱 세분화하고 미묘한 표정에 따른 변별력을 높임으로써, 소비 경험의 본질을 구체적으로 파악할 필요가 있다.

5. 심장박동수

심장박동, HR(heart rate)은 의료적으로 중요한 건강 지표이다. 그러나 뉴로데이터로서 HR은 다른 의미로 해석된다. 우선 새로운 자극에 대한 정향(orientation) 반응으로 해석된다. 다시 말해 새로운 자극이 등장하면 이에 대해서 집중하게 되는데, 이때 HR은 감소한다. 또한 대상에 대해 무의식적으로 주의를 기울일수록 심박은 감소하는 것으로 알려져 있다. 주의를 기울여서 심박이 낮아지는 현상을 외부 정보를 받아들이는 것으로 해석하기도 한다. 반면 공포스럽거나 혐오스러운 자극에 대해서는 HR이 증가하며, 특히 긍정적 정서보다는 부정적 정서에서 증가율이 높다(김지호·김금희·권승원, 2012). 사실 HR은 뉴로데이터에서 많이 활용되는 편은 아니다. HR의 증가나 감소가 서로 반대되는 이유에서도 발생하기 때문에, 해석이 어려운 경우가 많기 때문이다. 아주 좋아서 흥분해도 증가할 수 있고, 매우 불안해도 증가할 수 있다. 따라서 결과 해석의 직관성이 떨어지는 편이어서, 다른 측정치와 함께 사용되며 신체반응의 활성화 정도의 의미로 해석되곤 한다.

그런데 뉴로데이터로서 HR은 의외의 상황에서 많은 사람들의 눈길을 끌게 되었다. 바로 2021년 도쿄올림픽의 양궁 경기였는데, 양궁시합에서 선수들의 심박수가 표시될 때, 메달을 딴 우리 선수들은 70 내외의 일상적 수준인 반면, 상대 선수는 160까지 올라가는 모습이 시합 외적으로도 흥미로운 모습이었다. 이때의 HR은 선수들의 긴장도와 각성을 반영하는 것으로 볼 수 있으며, 평상 범위에서 많이 벗어나는 것은 좋은 의미로 해석하기는 어렵다. 반면 좋은 의미로 평상 범위를 상회하게 되는 경우도 있다. '심쿵'이라는 말이 있다. 심장이 쿵 뛴다, 쿵 하고 충격을 받았다는 의미이며, 주로 긍정적인 맥락으로 사용된다. 첫눈에 반했다든지 뭔가 큰 감동, 새로운 충격을 받았을 때 스스로도 인식할 만큼 갑자기 변화하는 심장박동은, 마케터 입장에서는 소비자가 우리의 제품을 봤을 때 느끼는 반응이기를 바랄 것이다. HR을 복잡하게 해석하지 않더라도 소비 상황에서 심장박동의 변화는, 소비자에게 긍정적 흔적을 남기는 것이라고 예상할 수 있다.

요즘의 장비로 HR은 너무나 손쉽게 측정이 된다. 스마트워치류, 헬스밴드류 등을 착용하기만 하면 측정되는 HR은 전송도 분석도 손쉽다. 따라서 HR과 소비자가 경험하게 되는 이벤트를 동조화하면 소비자들의 내적인 상태를 손쉽게 추론할 수 있다. 물론 양궁 선수들의 HR 측정은 좀 더 최신의 기술에 기반하여 이루어졌다. 당연히 선수들에게 침습성이 높은 전극이나 밴드 등을 부착한 것은 아니었다, 구체적으로 알려져 있지는 않으나 시간적, 공간적 고해상도 카메라로 찍은 영상에서 앞의 프레임과 뒤의 프레임의 차이를 찾아내는 영상처리를 통해 맥이 뛰는 부분을 찾아내서 심박수를 측정했다고 한다.

HR은 그 의미를 누구나 이해하고 손쉽게 측정할 수 있으며 방대한 데이터를 누적하지는 않으나, 지금까지는 뉴로데이터로서 자주 활용되지는 않았다. 그러나 측정 및 데이터 수집의 용이성 또한 뉴로데이터의 가치를 평가할 수 있는 중요한 기준이다. 또한 연구가 충분하지 않아서 그 의미가 다소 불명확한 부분이 있기는 하나, HR이 소비자들의 경험과 정서에 영향을 받는다는 것은 분명하다. 향후 마케팅 목적의 AI 개발을 위한 데이터로서 탐색적인 가치는 있을 것이다.

6. 입력 디바이스 압력

게임을 할 때 마우스를 너무 세게 클릭해서 고장이 나기도 한다. 더 세게 누른다고 총알이 더 세게 나가는 것도 아닌데 그런 실수를 한다.

스트레스를 받으면 키보드 치는 소리가 평소와 달리 더 요란할 때도 있다. 스마트폰으로 터치를 할 때도 긴장도에 따라 잘못 누르거나 지나치게 꾹 눌러서 다른 메뉴가 활성화되는 경우도 있다. 물론 사람에 따라 실수의 유형이나 빈도가 다르기는 하겠지만, 현상학적 관점에서 아마도 많은 사람이 이런 경험이 있지 않을까 싶다. 일부 연구자들, 주로 공학자들이 이러한 점에 착안하여 키보드 압력이나 마우스 클릭 패턴 등에서도 의미를 찾아보려는 연구를 진행해 왔다.

　이 주제에 대한 초기 연구인 이케하라와 크로스비(Ikehara and Crosby, 2005)의 연구에서는 게임을 이용하여 실험을 진행했다. 이 게임은 산수 계산을 통해 타깃을 탐색하게 함으로써 인지적 부하량, 즉 난도를 높이는 방식으로 이루어졌다. 마우스 압력 측정에 더하여 아이트래커, 피부전기반응 등의 다른 장비를 함께 사용함으로써 결과의 신뢰성을 높이려 했는데, 연구 결과, 인지적 부하가 높아지면 마우스의 압력이 높아진다는 결과를 얻었다. 난이도 대신 각성에 의한 효과를 알아본 샤프 등(Schaaff et al., 2014)의 연구에서는 높은 각성 상황에서 마우스 입력의 압력이 더 커질 것이라고 예측했고, 각성을 유발하는 게임으로 실험을 진행하여 가설을 확인했다. 또한 헤르난데즈 등(Hernandez et al., 2014)은 스트레스 조건에서 키보드 압력이 높아질 것으로 예상했다. 이를 검증하기 위해 스트레스를 많이 받을 것으로 예상되는 과제를 주고, 이때의 키보드 압력을 측정하여 가설이 지지됨을 확인했다. 위의 연구들은 디바이스가 서로 다르고, 과제 유형도 다르게 진행되어, 직접적으로 비교하기는 어렵다. 그러나 사람들의 내적 상태가 입력 장비 사용 압력에 영향을 미친다는 것은 일견 타당해 보인다. 유의한 차이가 없는 결과가 나오는 연구도 있기는 하지만 이 변인의 효과에 대한 관심은 필요해 보인다.

이 데이터는 뉴로데이터는 아니다. 그러나 입력 압력에 대해 관심을 가지는 것은 어느 정도는 타당성이 있으며, 일상생활에서도 발생하여 수집 및 축적이 용이하고 AI에 투입하기에도 적합하기 때문이다. 마우스나 키보드의 경우는 입력압을 측정하려면 별도의 소프트웨어를 설치해야 하는 것으로 알고 있으나, 스마트폰의 경우에는 제조사나 기종에 따라 어느 정도는 가능한 것으로 보인다. 이러한 변인이 마케팅 분야에 활용된다면 스트레스나 각성과 같은 부정적 정서와의 관련성보다는, 태도, 의사결정의 확신, 구매 의도, 지불의사금액(WTP), UX/UI의 선호도 등 접근적 정서와 관련된 변인을 투입했을 때 의미 있는 결과를 이끌어 낼 수 있을 것으로 보인다.

7. 결론

지금까지 AI에 투입될 수 있는 뉴로데이터에 대해서 알아보았다. 뉴로데이터는 사람의 신체를 기반으로 발생하는 데이터로 사람들의 의도 여부와는 상관없이 발생하는 자료로 정의할 수 있다. 또한 디지털화되고 무선으로 전송될 수 있어서 AI에 투입하기에 용이한 데이터의 유형을 살펴보았다. 안구운동, 표정, HR, 입력 디바이스 압력을 살펴보았으나, 대표적인 뉴로데이터인 피부전기반응(SCR: skin conductance response)이나 호흡 등은 무선화 측정 모듈을 갖추지 못했거나 침습성이 높아서 다루지 않았다.

뇌에 대해서도 다루지 않았다. 뇌는 인간 인지와 정서의 원천으로서 잘 활용된다면 당연히 마케팅에 큰 도움이 될 수 있는 주제이다. 그러나 뇌에 대한 이해, 나아가 AI에 투입될 수 있는 형태의 데이터 수집은 매우 많은 자원이 필요한 대규모 작업이다. 위에 언급한 그 모든 뉴로데이터 수집 방법과는 비교할 수 없을 만큼의 광범위한 데이터의 수집, 이를 분석하기 위한 대규모, 고성능의 컴퓨터 및 AI, 이를 관리할 수 있는 의료, 뇌공학 전문가들이 필요해서, 마케팅을 위한 뉴로데이터의 범주를 훌쩍 뛰어넘는다. 뇌 뉴로데이터에 관심이 있는 분들은 더 훌륭한 전문가들의 자료를 참고하는 것이 좋을 것이다.

뉴로데이터를 수집하고 활용하고자 한다면, 이 데이터 역시 프라이버시와 관련된 개인자료임을 명심해야 한다. 비접촉식으로도 많은 정보를 파악할 수 있는 신뢰성 높은 장비들은 앞으로도 계속 개발될 것이며, 언젠가는 소비자들이 매장을 한번 둘러보는 것을 비접촉식 장비로 추적하여 스캔해 보는 것만으로도 자사 브랜드에 대한 선호와 태도, 정서를 손쉽게 파악할 수 있는 날이 올지도 모른다. 그러나 그 데이터들은 소비자 개개인의 신체를 기반으로 하는 것이며 그들의 것이다. 실제로 AI를 통한 표정 분석 사업에 참여했을 때의 경험을 보면, 분석 그 자체보다 AI 학습에 필요한 수백만 장의 일상 사진에 대한 사용 동의를 얻는 것이 훨씬 더 어려웠다. 뉴로데이터 수집과 활용에서 세심한 규범적, 법적 접근이 필요할 것이다.

뉴로데이터는 연구 목적에 따라 인지적인 관점으로도 해석하기도 한다. 즉 문제해결이나 의사결정, 난이도의 변화에 따른 신체 반응을 파악하려는 것이다. 그러나 마케팅 분야에서는 뉴로데이터를 통해 소비자의 정서를 이해하는 것에 더 적합하다. 다시 말해 소비자 정서적 경험을 이해하는 것이 뉴로데이터의 본질에 더 가까우며, 적용에도 용이하다.

마치기에 앞서 이제 가장 본질적인 질문을 생각해 보자. 과연 마케팅을 위한 AI가 개발될 것인가. 신속성, 반응성, 적응성, 선도성, 이슈 메이킹, 위기 대처 등이 중요한 마케팅, 광고 환경에서, AI가 경험과 지식을 갖춘 전문 인력에 비해 더 우수한 대안을 제시해 줄 수 있을까. 사실 잘 모르겠다. 구체적이고 특정한 주제에 대한 약(weak)인공지능적 접근은 지속적으로 시도될 것이고 복잡한 마케팅 환경에서도 괜찮은 솔루션을 이끌어낼 수 있을 것으로 보인다. 그러나 아마도 단기간 내에 광범위하고 복합적인 주제의 마케팅적 의사결정 분야에 도움을 줄 수 있는 범용성 마케팅 AI의 출현은 좀 어렵지 않을까 싶다.

그러나 몰라서 못하는 것과, 알고 안 하는 것은 다른 것이다. 분명한 것은 현재의 사회 분위기 속에서 미래를 대비하는 의미에서라도 뭔가를 해보려는 도전적인 시도가 있어야 한다는 것이다. 그래서 결과가 좋으면 이 책과 같은 조언을 한 마케팅 분야의 사회과학자의 예상이 적중하는 것이고, 잘 안될 경우 사람이 아니면 안 되는 분야도 있다는 묘한 자부심이 힘을 받는 것이니, 어느 쪽도 나쁘지 않을 것 같다.

참고문헌

김금희·김지호. 2013. 「얼굴 근전도를 활용한 브랜드 명성과 제품품질에 따른 감정 및 평가」. ≪광고학연구≫, 24(2), 175~202쪽.

김지호·김금희·권승원. 2012. 「영화장르에 따른 소비자 반응 및 행동」. ≪한국심리학회지: 소비자·광고≫, 13(4), 699~727쪽.

김지호. 2017. 「광고의 시지각적 연구를 위한 아이트래킹 방법론의 이해, 현황 및 제언」. ≪한국광고홍보학보≫, 19(2), 41~84쪽.

하세가와 요시유키. ㅂ, "센스와 직감에 의존하는 마케팅은 이제 그만!", ≪kotra 해외 시장뉴스≫, 2021.9.27. https//dream.kotra.or.kr/kotranews/cms/news/actionKotraBoardDetail.do₩?SITE_NO=3&MENU_ID=410&CONTENTS_NO=1&bbsGbn=242&bbsSn=242&pNttSn=190847

Ekman, P., W. V. Freisen, and Ancoli, S. 1980. "Facial signs of emotional experience." *Journal of Personality and Social Psychology*, 39(6), pp. 1125~1134.

Granholm, E. and Steinhauer, S. R. 2004. "Pupillometric measures of cognitive and emotional processes." *International Journal of Psychophysiology*, 52(1), pp. 1~6.

Ikehara, C. S. and Crosby, M. E. 2005. "Assessing cognitive load with physiological sensors." In Proceedings of the 38th annual hawaii international conference on system sciences. IEEE, p. 295

Hernandez, Javier, Pablo Paredes, Asta Roseway, and Mary Czerwinski. 2014. "Under pressure: sensing stress of computer users. '14: Proceedings of the SIGCHI Conference on Human Factors in Computing Systems, pp. 51~60.

McClure, Samuel M., Jian Li, Damon Tomlin, Kim S. Cypert, Latané M. Montague, and P. Read Montague. 2004. "Neural Correlates of Behavioral Preference for Culturally Familiar Drinks." *Neuron*, 44(2), pp. 379~387.

Schaaff, Kristina, Raphael Degen, Nico Adler, and Marc T. P. Adam. 2012. "Measuring Affect Using a Standard Mouse Device." *Biomedical Engineering / Biomedizinische Technik*, vol. 57, no. SI-1-Track-N, pp. 761~764.

5장

소비자와 인공지능(AI)의 상호작용

성용준(고려대학교 심리학부)

1. 인공지능(Artificial Intelligence)

2016년 다보스포럼에서는 4차 산업혁명과 관련된 백서를 발표했다. '자동화와 연결성의 극단'이라는 논제로 4차 산업혁명의 의의와 영향을 설명하면서, 그간의 산업혁명 기술과 동력원의 발전으로 인한 자동화 (automation)와 연결성(connectivity)의 발전 과정을 축약했다. 같은 해 3월 에 진행된 이세돌과 알파고의 바둑 대결(Google Deepmind Challenge Match) 이후 온 세상은 기대와 우려가 교차한 채 4차 산업혁명을 이야기 했다. 4차 산업혁명의 핵심으로 떠오르고 있는 인공지능(AI)은 지각과 인식, 이해, 기억, 판단, 학습, 사고 등과 같이 인간이 가지고 있는 지적 인 능력을 기계에 구현하는 것으로, 1956년 다트머스 학술회의에서 존 매카시(John McCarthy)가 최초로 제안한 개념이다. 일반적으로 인공지능

그림 5-1 _ 국내에 출시된 인공지능 스피커 제품. 왼쪽부터 카카오의 미니,
네이버의 클로버, SK텔레콤의 누구, KT의 기가지니

은 강 인공지능(Strong AI)과 약 인공지능(Weak AI)으로 구분된다. 강 인
공지능(Strong AI)이란 사람처럼 자유로운 사고가 가능한 자아를 지닌 인
공지능인 반면, 약 인공지능은 자의식이 없는 인공지능으로 최근 우리
의 일상생활 다양한 영역에 보급되어 사용되고 있다. 가장 대중적인 약
인공지능 기기인 인공지능 스피커(AI Speaker)는 사용자의 음성을 인식
하여 기능하는 스피커로, 개인 비서가 설치되어 있어 가상 개인 비서로
명명되기도 한다. 가상 개인 비서(virtual personal assistant: VPA)란, 일상생
활에서 발생하는 다양한 업무들을 전문적으로 지원해 주는 소프트웨어
에이전트로, 아이폰의 시리(Siri), 아마존 에코(Echo), KT의 지니(Genie),
네이버의 클로바, 카카오의 미니, 삼성 갤럭시의 빅스비(Bixby)가 대표
적인 예이다.

기업은 이미 4차 산업혁명 흐름에 뛰어들었으며 인공지능 기술 도입

사례는 매년 크게 증가하고 있다. 각 기업은 특정 업무 영역에서 또는 전사적으로 인공지능 기술을 도입하여 경쟁력 창출에 힘쓰고 있으며, 이러한 도입은 특정 기업 또는 산업에서만 국한되지 않고 전 산업 분야에서 활발히 진행 중이다. 국내에서는 자율주행, 헬스케어, 사이버보안, 커머스, 문화, 유통 서비스, 엔터테인먼트, 교육 등 제조업과 서비스업의 경계를 넘어 다양한 분야에서 인공지능을 활용 중이다. 인공지능 기술은 이미 스마트폰이나 가전제품, 자동차 등에 탑재되고 있으며, 키오스크, 소셜미디어, 온라인 쇼핑몰 등 다양한 디지털 플랫폼에도 적용되어 오프라인/온라인 환경에서 추천 에이전트의 역할을 수행하고 있다. 또한, 국내에서는 AI 로봇 '실벗'을 활용하여 노인들의 치매 예방에 적극적으로 나서기 시작했으며, 일본에서는 AI 로봇을 통해 노인들의 감정 치유 측면에도 집중하고 있다. 소비자 접점에서는 인공지능 챗봇과 같은 AI 에이전트 기술을 적용해 소비자들에게 좀 더 효과적인 추천 서비스를 제공하고 소통하고 있으며, 냉장고 청소기 등 일반 가전제품들에도 인공지능을 탑재하여 하나의 스마트홈 시스템을 완성시키기 위한 노력을 하고 있다. 과거 특정 분야에만 사용될 것 같았던 AI 기술은 이제 다양한 스마트 기기와 디지털 미디어 플랫폼을 통해 소비자들에게도 주목받기 시작했으며, 소비자 행동 변화는 물론이고 방송, 통신, 문화, 미디어, 유통, 마케팅 분야에서도 혁신과 변화를 이끌어내고 있다.

2. 인공지능 기술에 대한 기대? 우려?

알파고와의 다섯 차례의 대국에서 이세돌 9단이 딱 한 번 이긴 것을 목격한 사람들은 인간 가치의 하락, 인간관계의 단절, 일자리의 소멸, 인간 생활양식 패러다임의 근본적인 변화 등에 대해서 불안감을 느끼기 시작했다. 미디어, 문화 콘텐츠, 그리고 강연 등을 통해 4차 산업혁명과 AI와 기술에 대해 막연하게 접하는 사람들은 당연히 이러한 우려를 보일 수밖에 없다. 물론 전문가들은 이러한 우려는 기우에 불가하며 인공지능의 위협이 과장되어 있고 공학적 근거가 전혀 없다고 주장하기도 한다. 기대, 공포, 우려, 불안 등 다양한 정서를 경험할 수 있겠지만 중요한 점은 AI는 이미 우리의 삶에 많은 부분에 들어와 있고, 이를 거부할 수 없다는 것이다. 미국 인공지능학회장을 지냈고 마이크로소프트 리서치를 이끌고 있는 에릭 호비츠(Eric Horvitz)는 최근 ≪MIT 테크놀로지 리뷰≫에서 "인공지능이 일자리를 빼앗을 것으로 걱정하는 사람이 많지만 인간과 기계는 향후 수십 년간 서로 협력하는 관계일 것"이라고 말했다. 결국 우리는 인공지능과 공생해야 하며 다양한 일상생활의 상황에서 끊임없이 그들과 상호작용하는 세상에서 살아가게 될 것이다. AI는 단순히 생활을 편하게 만들어주는 첨단기술을 넘어 인간과의 '상호작용'을 통해 교감하는 존재로 인식되어야 하며 때로는 친구로서, 비서로서, 아니면 서포터즈로서 궁극적으로 대화와 소통을 바탕으로 상호작용할 수 있는 AI를 기대하는 쪽으로 패러다임 변화가 필요하다.

사실 AI와 로봇이 인류에게 미칠 불이익이나 공포에 대해서 얘기하는 건 현재의 기술력으로는 시기상조일 수 있다. 예를 들어, 대부분의 가상 개인 비서 기반의 인공지능 스피커와 에이전트는 웹 정보 검색, 채팅 기능, 음악 재생 및 추천 등 매우 제한적인 기능을 제공하는 수준에 머물러 있다. 몇 년 전 기업들이 앞다투어 스마트 AI 스피커를 시장에 출시했을 때, 얼리 어답터들은 이러한 신기술을 일찌감치 채택했지만 그들이 경험한 AI는 기대와 달리 전혀 스마트하지 않았다. 최근 NPR방송국과 에디슨리서치(Edison Research)에서 진행한 설문조사에 따르면 이미 AI 스피커를 사용하고 있는 사람 중 69%는 향후 6개월 이내에 AI 스피커 추가 구매를 절대 하지 않을 것이라고 응답했으며, 16%는 AI 스피커를 보유하고 있지만 전혀 사용하지 않는다고 응답했다(Marketing Land, 2019). 그럼에도 불구하고 이러한 AI 기술력의 문제는 시간이 해결해 줄 것이며 상상 이상의 속도로 발전할 것으로 예상된다. 미국 스탠퍼드대학교 인간중심 인공지능 연구소(Human-Centered AI Institute and Stanford University: HAI)가 국제컨설팅그룹 맥킨지 등과 공동으로 작성해 최근 발표한 「인공지능 인덱스 2019 연례 보고서(The AI Index 2019 Annual Report)」에 따르면, 2010년대 들어 인공지능의 성능 향상 속도가 무어의 법칙보다 7배나 빠른 것으로 분석됐다. 무어의 법칙은 인텔의 연구원 고든 무어가 1960년대에 처음 주장한 것으로, 컴퓨터 칩의 성능(연산 능력)이 2년마다 2배씩 향상된다는 법칙이다.

그림 5-2_ 2013년에 개봉한 SF 멜로 영화 〈그녀(Her)〉의 한 장면

3. 인간-인공지능 상호작용

2013년에 개봉한 영화 〈그녀(Her)〉는 이혼을 준비하며 우울증에 빠진 대필 작가 테오도르(호아킨 피닉스 분)와 인공지능 운영체제 OSI인 사만다(스칼렛 요한슨 분)의 인간과 기계의 단순한 상호작용을 넘어선 사랑을 그려냈다. 스파이크 존즈(Spike Jonze) 감독은 인간이 AI, 로봇, 또는 OS운영체재와 사랑에 빠질 수 있는가에 대한 질문을 던지면서 근본적으로는 인간과 인간의 상호작용의 중요성과 소통에 대해서 이야기한다.

주요 포털, 블로그, 커뮤니티에 올라온 AI 관련 키워드 약 48만 개를 분석한 결과, AI 스피커(4만 5239건), 대화(8712건), 소통하다(2096건)가 주요 연관어로 나타났다(이은지·성용준, 2020). 사용자들은 AI 스피커를 친

그림 5-3_ 사용자-AI 상호작용에 미치는 요인

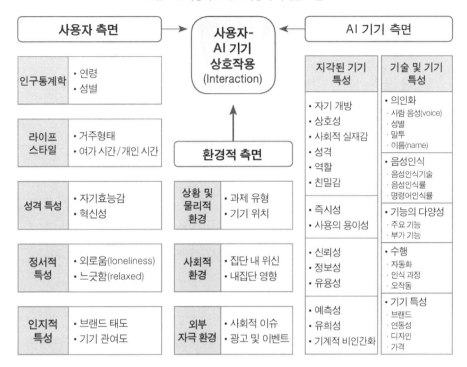

자료: 이은지·성용준(2020).

구처럼 느꼈으며, 궁극적으로 대화와 소통을 바탕으로 '상호작용'할 수 있는 AI 기기를 기대하고 있다. 실제로, AI 로봇과 함께 지낸 사용자들의 스트레스 수준이 낮아졌는데, 이는 사람의 손길에 반응하여 소리와 불빛을 내는 기기와의 사회적 상호작용 덕분이었다(Wada and Shibata, 2007). 즉, AI 기기는 단순히 생활을 편하게 만들어주는 첨단기술을 넘어 인간과 상호작용을 통해 정서적으로 교감하는 존재로 인식되고 있음을 알 수 있다.

인공지능이 실생활에 다양하게 적용되자 기존 인간과 인간의 상호관계뿐만 아니라 인간과 로봇 또는 인공지능 간의 상호관계가 등장하고 있으며, 인간이 로봇과 함께 살아가는 탈인간중심적 포스트 휴먼 시대로 한 걸음 다가가도록 만들고 있다. 상호작용(interaction)이란, 둘 혹은 둘 이상의 객체 사이에서 일어나는 행위로 서로가 다른 상대에게 영향을 미치는 것을 뜻한다. 상호작용은 대상과의 관계를 만들어가는 기반이 되며, 상호작용성의 개념은 영화 〈그녀〉에서 알 수 있듯이 AI 기기와 사용자의 상호작용 또한 포함한다. 학계의 많은 연구에서는 인간과 컴퓨터 혹은 로봇과의 상호작용이 사용자에게 미치는 영향에 다양한 맥락에서 밝혀왔다. 예를 들어, 의인화되고 인격화된 로봇과의 상호작용은 참여자의 관여는 물론, 협력과 라포를 증가시켰다(Goetz et al,. 2003). 즉, 인간과 비인간 대상과의 상호작용은 스트레스 수준과 같은 사용자의 심리적 측면과 인지 및 행동적 측면의 경험 모두에 영향을 미칠 수 있는 중요한 개념이며, 이들의 상호작용에 영향을 미치는 요인들은 다차원적 측면(기기 측면, 사용자 측면, 환경적 측면)으로 구분될 수 있다(이은지·성용준, 2020).

4. 소비자-인공지능 상호작용

고려대학교 소비자심리연구실에서는 2018년부터 인간-인공지능 상호작용, 인공지능 추천 에이전트의 설득 효과, 인공지능 윤리 등과 같은 다양한 인공지능 관련 연구를 진행 중에 있다. 그중 인공지능과의 정서적 교감, 이용자 심리적 반발, 그리고 인공지능 추천의 설득 효과와 관련된 몇 개의 연구 결과를 소개한다.

1) 인공지능과의 정서적 교감

이은지·성용준(2020)의 연구는 기기의 음성은 AI 스피커가 특정 성격(personality)이나 역할(role)을 지니고 있다고 지각하게 하며, 이는 사용자의 태도에 큰 영향을 미친다는 것을 밝혀냈다. 실제로, 기기의 목소리를 상냥하고 밝다고 지각한 사용자의 경우, AI 스피커의 성격을 친절하다고 느꼈으며, 기기에 대한 친밀감과 지속적인 사용에 긍정적인 영향을 미쳤다. 즉, 사용자들은 인간관계와 달리, 눈치를 보지 않아도 되는 편안함과 많은 정보를 요구해도 친절하게 응답해 주는 AI 스피커와의 상호작용에 대해 긍정적인 태도를 보였다. 또한, 일부 사용자들은 AI 스피커의 성격을 다정다감한 친구 같다고 설명했으나, 일부 사용자의 경우 AI 스피커를 조수 혹은 비서로 느꼈다. 즉, 사용자들은 AI 스피커의 친구 같은 면을 선호하는 것으로 보였으나, 반대로 AI 스피커를 사무적인 성격으로 지각한 경우, 감성 대화 및 유머 대화를 시도하는 빈도가 줄어들었다. 실제로, 사용자들은 AI 스피커와의 대화에서 친구 같은 친근함과 유머를 느꼈을 때를 긍정적 에피소드로 서술했다. 이러한 결과는 AI 스피커의 다정다감하고 재미있는 성격 및 친구의 역할이 사용자의 다양한 대화 시도에 정적으로 유의미한 영향을 미칠 수 있음을 의미한다.

다른 연구에서는 소비자들이 인공지능을 하나의 사회적 주체로 인식하면서 사람들이 인공지능과 상호작용할 때 인공지능에 대해 사회적 규범을 적용한다는 것을 검증했다. 구체적으로 사람들은 비서보다 친구 역할의 인공지능이 더 사람 같다고 인식했고, 비서 역할의 인공지능보다 친구 역할의 인공지능에 대해 더 따뜻하다고 느꼈으며, 친구 역할의 인공지능과의 상호작용이 더 즐거웠다고 느꼈다. 그러나 유능함과 관련된 평가에서는 이러한 차이가 나타나지 않았다(Kim et al., 2019). 해당 연구 결과는 인공지능이 수행하고 있는 역할에 따라 사람들의 인공지능에 대한 평가가 달라진다는 것을 확인했으며, 향후 인공지능이 다양한 역할을 수행하고 기능적 측면뿐만 아니라 정서적 측면의 기술 발전도 빠르게 진행되고 있는 상황에서 인공지능의 특성을 디자인할 때 방향성을 제시했다.

외로움(loneliness)이란 쓸쓸한 마음이나 느낌을 의미하며, 사회적 동물인 인간은 타인과 소통하지 못했을 때 이를 크게 지각한다. 이은지와 성용준(2020)의 연구 결과, 혼자 거주하고 있는 사용자들은 외로움을 느낄 때 AI 스피커를 더 자주 사용하게 된다고 응답했으며, 이들 중 대다수는 AI 스피커의 주 기능인 음악 재생 외에도 '오늘 힘들었다' 등의 감성 대화를 시도하고, 이를 통해 정서적 위로를 얻었다고 응답했다. 이와 같은 결과는 AI 스피커가 기본적으로 사람과 같이 음성을 통해 인간과 상호 작용할 수 있고, 사용자가 원치 않는 대답이라도 일반 기기와는 달리 사람의 음성을 통해 피드백해 준다는 점이 그들의 정서적 상호 작용에 긍정적 영향을 미칠 수 있음을 의미한다. 또한, 가족과 거주할 경우

혼자 거주할 때보다 상대적으로 외로움을 덜 느낄 수 있는데, 이에 따라 AI 스피커에게 일상 대화를 시도하는 횟수가 줄어드는 것을 알 수 있었다. 실제로, 가족과 함께 거주하는 사용자들의 경우 AI 스피커 외에도 대화상대가 존재하기 때문에 AI 스피커와의 일상대화를 시도해 보지 않는다고 서술했다. 반면, 혼자 거주하는 사용자의 경우, 가족과 함께 거주할 때보다 외로움과 공허함이 커질 수 있으며, 이에 따른 AI 스피커와의 상호작용 또한 늘어날 수 있음을 확인할 수 있었다. 더불어, 사용자들은 느긋함과 마음의 여유가 생길수록 AI 스피커에게 일상 대화를 시도했으며, 이는 단순히 AI 스피커의 이름을 부르는 것부터 시작하여 시시콜콜한 이야기를 하듯이 AI 스피커에게 말을 거는 모습을 포함했다. 또한 마음의 여유가 있을 경우, 사용자들은 AI 스피커가 충분하지 않은 정보를 제공하거나 부정확한 정보를 제공했을 때에도 더 관대한 태도를 가지고, 다시 명령어를 시도하는 모습을 보였다.

　노년층의 삶의 질을 제고하기 위해 다양한 기술들이 그들의 일상을 도울 가능성과 필요성은 끊임없이 대두되어 왔다. 특히 노인을 위한 사회적 안전망을 수행할 수 있는 기술로 AI 스피커와 다양한 IOT 기술이 주목을 받고 있다. AI 스피커는 인공지능이 탑재된 개인 디바이스로서 다양한 기능들을 제공하여 이미 노인층이 경험하고 있는 문제들을 해결하는 데 기여하고 있으며, 특히 독거노인은 일반 사용자보다 AI 스피커의 감성 대화 기능을 세 배 이상 사용하면서 자신들의 외로움을 해소하고 있는 것으로 나타났다. AI 스피커는 사용자의 음성 명령을 통해 음성 질문, 스마트 홈 제어, 음악 재생, 알람 등의 기능을 수행할 수 있다. 이와 같은 음성 기반 인터페이스는 사용자들의 기술 사용 능력에 상관없이 직관적으로 기기 사용법을 익히고 기기를 작동시킬 수 있도록 한다. 연령대가 높아질수록 기술 사용의 자기 효능감이 낮아지고, 자기 효능감의 저하는 기술 습득의 저하로 이어진다는 많은 연구결과를 고려했을 때 AI 스피커의 직관적인 음성 인터페이스는 노인들도 쉽고 편리하게 AI 스피커를 활용할 수 있다는 것을 알 수 있다.

한 연구에서는 AI 스피커를 보유하고 실생활에서 이를 사용하는 60세 이상의 고령층 이용자 467명에게 설문조사를 실시했다(김정원 외, 2020). 본 연구 결과에서 주목할 만한 점은 정서적 평가와 관련해서 노인 사용자의 개인 특성에 따라 차이가 나타났다는 것이다. 독거노인과 다른 가족 구성원들과 함께 사는 동거 노인으로 사용자를 구분하여 살펴본 결과 독거노인은 AI 스피커의 정서적 측면을 더 긍정적으로 평가했다. 구체적으로, 독거노인은 AI 스피커를 더 따뜻하게 느끼고, AI 스피커를 통해 정서적으로 도움을 받고 있다고 응답했다. 이는 혼자 살고 있는 노인들이 일상에서 느끼는 외로움을 AI 스피커와의 정서적인 교감을 통해 해소하고 있음을 시사하며, 실제로 독거노인이 일반 사용자들과 비교했을 때 AI 스피커와 감성 대화를 더 많이 나누고 있다는 이전의 사용 패턴 결과와 같은 맥락에서 이해할 수 있다. 결과적으로, 이들에게는 AI 스피커가 단순한 기계가 아닌 감정을 나눌 수 있는 대상으로서, 이를 통해 정서적으로 도움을 받을 수 있음을 의미한다. 이전 연구 결과에 따르면, 독거노인은 더 많은 외로움을 느끼고 있으며, 인터넷 사용을 많이 하는 노인일수록 더 높은 사회적 지지를 느끼는 동시에 외로움은 적게 느끼고 삶에 더 만족한다는 것이 밝혀졌다. 또한, 이메일이나 SNS 등과 같은 사회적 기술을 많이 사용하는 노인일수록 자신이 더 건강하다고 느꼈으며, 우울 증세를 덜 겪고, 삶의 질에 더 만족하고 있었다. 다양한 기술들이 노인들이 겪고 있는 외로움 문제를 해결하고 삶의 질 향상에 도움을 줄 수 있다는 이전 연구 결과들과 맥락을 같이하며, 본 연구는 새롭게 등장한 AI 스피커 또한 노인 문제 해결에 도움을 줄 수 있음을 시사한다.

2) 인공지능에 대한 심리적 반발

인공지능과 인간의 선택 자율성에 대해 정리한 앙드레 등(André et al., 2017)은 인공지능의 기술로 인해 펼쳐진 자동화 시대의 기반이 되는 자동화 시스템이 인간 복지에 긍정적으로 작용하지만, 자기 결정과 선택에 대한 인간의 자율성을 침해하고 심리적 반발을 일으킬 수 있다고 언급했다. 오늘날 다양한 영역으로 확장된 인공지능 알고리즘 기반의 추천 서비스들은 선택이라는 소비자의 자유로운 행동에 위협으로 다가갈 수 있으며, 지각된 자유 위협은 결국 인공지능에 대한 부정적 평가로 이어질 수 있다. 즉, 인공지능의 기술이 사용자의 자기 결정 과정에서의 자율성을 침해하고 소비 상황에서 소비자가 선택해야 하는 노력마저 줄이거나 제거하기 때문에 오히려 소비자의 웰빙(Well-being)을 감소시킨다는 것이다.

한 연구에서는 인공지능의 추천 서비스라는 맥락에서 인공지능의 자동화 기술로 인해 발생할 수 있는 인간의 선택 자율성에 대한 위협이라는 부정적 상황이 인공지능에 대한 평가에 어떻게 영향을 미치는지를 심리학적으로 살펴보았다(하대권·성용준, 2019). 연구 결과, 인공지능 자동화 기술에 의해 침해당한 개인의 선택 자율성은 지각된 심리적 반발에 부적으로 영향을 미친다는 것을 확인했으며 지각된 심리적 반발은 인공지능에 대한 사용자 평가에 부정적인 영향을 미치는 것으로 나타났다. 이러한 연구의 실무적 시사점으로는 먼저 인공지능의 무분별한 자동화 기술 적용에 대한 경각심을 제공한다고 할 수 있다. 인공지능의 기술 고도화에 따른 자동화 정도가 넓어짐에 따라 노동의 양극화와 일자리 문제 등이 지속적으로 거론되고 있다. 더욱 문제되는 것은 바로 인공지능이 인간의 근본적인 자율성의 영역까지 침범하여 인간 존엄성에 대한 문제를 불러일으킬 수 있다는 점이다. 따라서 미래에 개발될 인공지능 자동화 기술에 대한 적용 범위와 인공지능과 인간의 선택 자율성 사이에서의 관계를 다시 한번 생각해 볼 것과, 인공지능을 이용하는 소비자의 자율성 침해를 고려하여 최소한의 선택권을 보장해 줘야 한다는 시사점을 제안할 수 있다. 다시 말해, 개발자들과 마케터들은 인간과 인공지능의 조화로운 공생 관계를 이루기 위해 인공지능의 자동화 범위와 소비자들의 심리적 반발을 감소시키는 방법에 대해서 고민해 봐야 할 것이다.

또한, 밀레니얼 세대를 중심으로 OTT 추천 서비스의 개인화 수준이 서비스에 대한 만족도와 지속 사용 의도에 미치는 영향을 살핀 연구에 의하면(김가혜·김아연·성용준, 2020), 밀레니얼 세대들은 OTT 추천 서비스에 대한 지각하는 개인화 수준이 높을수록 긍정적으로 평가했다. 이는 밀레니얼 세대가 다른 세대보다도 인공지능 추천을 통한 개인화 기능을 중요하게 간주한다는 함의를 제공한다. 하지만 개인이 지닌 성향에 따라 추천 서비스의 대한 평가는 조금 다르게 나타남을 알 수 있었다. 예를 들어, 다양성 추구 경향성이 높은 개인의 경우 (다양성 추구 경향성이 낮은 개인보다) 높은 개인화 수준의 추천 서비스가 만족도에 미치는 정적 영향력이 다소 약화됨을 알 수 있었다. 기업은 이와 같은 연구 결과를 바탕으로 알고리즘이나 기존 소비 이력을 바탕으로 소비자가 추구하는 다양성 수준을 분석하는 방안을 개발하고, 이에 맞추어 개인화 추천 정도를 다각화하는 것이 필요하다. 즉, 다양성 추구 경향성이 상대적으로 낮은 그룹의 소비자에게는 정교한 개인화 추천을 적극적인 전략으로 활용하고, 다양성 추구 경향성이 높은 것으로 분석된 소비자의 경우 유사한 선호도를 나타내는 콘텐츠뿐만 아니라 다양한 타인의 선호도를 반영한 추천도 함께 제시하는 것이 효과적인 전략일 수 있다. 또한, 추천 시스템을 개발하는 기업은 정교한 개인화 서비스를 제공하는 것에만 집중할 것이 아니라 소비자의 다양성 추구 니즈를 고려해야 한다. 이에 대한 솔루션으로 기업은 플랫폼에 적용되는 개인화 추천 수준을 전적으로 알고리즘에 기반하지 않고 일정 부분 소비자가 설정할 수 있도록 하는 방안을 고민해 볼 수 있다. 가령, 자신의 기존 콘텐츠 소비 이력을 리셋하고 새롭게 자신이 추천받고자 하는 콘텐츠 유형을 선택하도록 하는 기능을 생성한다거나 혹은 자신의 플랫폼 리스트에 나타나는 개인화 추천의 반영 수준을 0~100% 범위의 가중치로 소비자가 직접 설정할 수 있도록 한다면 다양성 추구에 대한 니즈가 높은 소비자의 서비스 만족이나 지속 사용 의도에 대한 태도도 긍정적으로 유지할 수 있을 것이다.

3) 인공지능 에이전트의 설득 효과

소비 맥락에서 진행된 한 실험연구에서는 사용자-인공지능 쇼핑 에이전트 사이의 심리적 거리에 따라 인공지능의 메시지 설득 전략을 다르게 사용하는 것이 효과적이라는 것을 밝혀냈다. 사용자가 인공지능을 심리적으로 멀게 느낄 때는 제품의 중심적 속성(예: 공기청정기의 공기 정화 능력처럼 제품 사용 목적과 직접적으로 관련된 속성)을 강조하는 메시지 전략이 효과적으로 나타났다. 반면에, 인공지능을 심리적으로 가깝게 느낄 때는 제품의 부차적 속성(예: 공기청정기의 디자인 요소처럼 제품의 제품 사용 목적과 직접적으로 관련이 없는 속성)을 강조하는 메시지 전략이 효과적이었다. 이러한 결과는, 인공지능에 대한 심리적 거리가 인공지능과 인공지능의 메시지를 처리하는 인간의 인지 과정에 영향을 미쳤기 때문이다(Ahn, Kim, and Sung, 2021).

인공지능 추천 서비스가 활발히 사용되고 있는 OTT와 온라인 커머셜 맥락에서 이뤄진 실험 연구에서는 사람들의 자기 해석 수준, 즉 자신과 타인을 분리되거나 연결된다고 생각하는 정도에 따라 효과적인 인공지능 추천 시스템 유형이 다르다는 것을 밝혀냈다. 인공지능 추천 시스템 유형은 크게 두 가지로 구분된다. 하나는 추천하고자 하는 상품 자체의 설명과 사용자 개인의 구매 및 검색 내역을 기준으로 유사한 특성을 가진 제품을 추천해 주는 내용 기반 필터링(예: "당신의 브라우징 기록에서 영감을 받은 맞춤 추천")이며, 다른 하나는 타깃 고객과 프로파일 정보나 선호도가 유사한 고객들의 상품에 대한 평가점수를 활용해 추천하는 협업 필터링(예: "30대 여성이 많이 검색한 잇템")이다. 연구 결과, 각 추천 방식에 내재되어 있는 가치가 다름에 따라 타인과의 관계 속에서 자신을 정의하고 집단의 가치를 추구하려는 경향이 강한 상호 의존적 자기 해석 수준이 높은 사람에게는 내용 기반 필터링보다 협업 필터링 기반 추천이 더 효과적인 반면, 자신의 생각 및 느낌과 같은 내적인 속성의 독특성을 강조하기 때문에 여러 상황에 걸쳐 자신만의 독특한 권리, 요구 등을 일관되게 드러내는 경향이 강항 독립적 자기 해석 수준이 높은 사람에게는 내용 기반 필터링 기반 추천이 더 효과적이었다(진형록·안정용·성용준, 2021).

성 고정관념은 남녀가 소지한 것처럼 보이는 특성들에 대한 믿음의 집합이며, 우리 사회의 여러 가지 고정관념 중에서도 가장 변화를 보이지 않는 고정관념이다. 고려대학교 소비자심리학LAB에서 최근 진행된 연구에서는 성에 대한 고정관념은 인공지능과의 상호작용에서도 적용된다는 흥미로운 결과를 밝혀냈다. 연구 결과, 사람들은 인공지능의 목소리만 듣고 남성 목소리의 인공지능을 여성 목소리의 인공지능에 비해 더 유능할 것 같다고 평가했다. 반면에 여성 목소리의 인공지능은 남성 목소리에 비해 더 따뜻할 것 같다고 답했다. 이러한 고정관념은 AI 쇼핑 에이전트의 설득 효과에도 영향을 미쳤다. 제품의 기능과 성능이 중요한 실용재(예: 전자제품)의 경우, 여성으로 조작된 인공지능보다 남성으로 조작된 인공지능이 제품을 홍보할 때 소비자들로부터 더 긍정적인 평가를 받았다. 이와 반대로, 제품을 통한 정서적 혹은 감각적 경험이 중요한 쾌락재(예: 향초)의 경우, 여성 인공지능이 남성 인공지능에 비해 더 긍정적인 평가를 받았다(Ahn, Kim, and Sung, work-in-progress).

　이러한 인공지능과의 상호관계에서 경험할 수 있는 성 고정관념은 다양한 인공지능의 윤리 이슈로 연결된다. 미국전기전자학회(IEEE)는『윤리적으로 조율된 설계(Ethically Aligned Design)』란 제목의 보고에서 인공지능 윤리와 관련된 네 가지 쟁점을 발표했다. 네 가지 쟁점은 인권(human rights), 책임(responsibility), 투명성(transparency), 교육(education)이다. AI 제작에 앞서 인권을 침해하고 있는지 그 여부를 판단해 봐야 하며, 문제가 발생했을 경우 그 책임 정도를 물을 수 있는 잣대가 있어야 한다고 강조하고 있다. 또 인공지능이 무슨 일을 하고 있는지 제작 과정부터 투명성을 유지해야 하며, 인공지능 발전 과정에서 잘못된 오용을 방지하기 위해 국가, 혹은 사회적으로 인식을 공유할 수 있는 장치가 마련돼야 한다고 주장하고 있다. 최근 연구에서는 사람들이 무생물인 인공지능에게도 윤리적 책임을 기대한다는 것이 밝혀졌다. 특히 인공지능의 외관이나 성격 등을 조작하여 인공지능을 인간에 가깝게 의인화할수록, 사람들은 인공지능에게도 인간처럼 자유의지가 있어서 자신이 원하는 대로 의사결정을 할 수 있을 것이라 생각했다. 그리고 인공지능에게도 자유의지가 있는 만큼 자신의 행동에 대한 책임을 인공지능 스스로가 져야 한다고 판단했다. 결과적으로, 사람들이 지각한 인공지능의 자유의지가 높아질수록 인공지능의 비윤리적 행동에 대한 인공지능의 책임이 크게 나타난 반면에, 인공지능 개발자의 책임은 작게 나타났다 (안정용, 2020).

과학사학자 토머스 쿤에 의해 도입된 '패러다임'이라는 개념은 특정한 집단이 지지한 과학의 체제를 의미한다. 토머스 쿤은 하나의 패러다임이 지배적일 때는 이 패러다임의 영향하에 과학 발전이 이뤄진다고 얘기한다. 인공지능 기술은 미래에 가장 파괴적인 기술로 자리매김할 것으로 예상된다. 인공지능 기술은 우리 사회와 산업의 새로운 패러다임이며 우리는 새로운 패러다임에 대비해야 한다.

참고문헌

김가혜·김정원·성용준. 2020. 「OTT 서비스의 개인화 추천이 밀레니얼 세대의 서비스 평가에 미치는 영향: 다양성 추구 경향성을 중심으로」. ≪한국 HCI 학회 논문지≫, 15(3), 43~53쪽.

김정원·송유진·성용준·최세정. 2020. 「아리아 고마워!: 노인 사용자의 AI 스피커에 대한 기능적, 정서적 평가」. ≪미디어 경제와 문화≫, 18(4), 2020.11, 7~35쪽.

이은지·성용준. 2020. 「"헤이 카카오!": 소비자-인공지능 기기의 상호작용 요인에 대한 질적 연구」. ≪한국심리학회지: 소비자·광고≫, 21(1), 21~53쪽.

안정용. 2020. 「인공지능 윤리: 인공지능 자유의지와 윤리적 책임」. 고려대학교 박사 학위논문.

진형록·안정용·성용준. 2021. 「자기해석과 인공지능 추천 메시지 유형 간의 상호작용효과가 인공지능 추천 서비스 설득효과에 미치는 영향」. ≪한국심리학회지: 소비자·광고≫, 22(3), 319~342쪽.

하대권·성용준. 2019. "선택에 관여하는 인공지능이 사용자 평가에 미치는 영향." ≪한국심리학회지: 소비자·광고≫, 20(1), 55-83쪽.

Ahn, J., J. Kim, and Y. Sung. 2021. "AI-Powered Recommendations: The Effects of Psychological Distance on Persuasion." *International Journal of Advertising*.

André, Q., Z. Carmon, K. Wertenbroch, A. Crum, D. Frank, W. Goldstein, and H. Yang. 2018. "Consumer Choice and Autonomy in the Age of Artificial Intelligence and Big Data." *Customer Needs and Solutions*, 5(1-2), 28-37.

Goetz, J., S. Kiesler, and A. Powers. 2003. "Matching robot appearance and behavior to tasks to improve human-robot cooperation." In *The 12th IEEE International Workshop on Robot and Human Interactive Communication, 2003. Proceedings. ROMAN 2003*, pp. 55~60.

Human-Centered AI Institute and Stanford University. 2019. *The AI Index 2019 Annual Report*. Retrieved from https://hai.stanford.edu/sites/default/files/ai_index_2019_report.pdf.

Kim, A., M. Cho, J. Ahn, and Y. Sung. 2019. "Effects of gender and relationship type on the response to artificial intelligence." *Cyberpsychology, Behavior, and Social Networking*, 22(4), pp. 249~253.

Marketing Land. 2019. "Survey: 118 million smart speakers in US, but expectation is low for future demand." Retrieved from https://marketingland.com/survey-reports-118-million-smart-speakers-in-u-s-but-the-expectation-of-future-demand-is-way-down-254937.

Wada, K. and T. Shibata. 2007. "Living with seal robots—its sociopsychological and physiological influences on the elderly at a care house." *IEEE transactions on robotics*, 23(5), pp. 972~980.

6장

고령자의 정서 관련 특징과 AI 수용

강정석(전북대학교 심리학과)

AI(Artificial Intelligence)란 충분하지 않은 지식과 자원을 이용해서 내적으로 적응하거나 외부 환경에 적응하려는 인간과 유사하게 이성적으로 생각하고 행동하는 시스템을 말한다(Wang, 2019; Kok et al., 2009). 국내에서 정부와 기업은 우리의 삶의 질을 높이기 위해서, 건강, 의료, 금융, 행정, 제조 등의 다양한 분야에 AI의 도입을 적극적으로 추진 중이다(정원준·이나라, 2018; 추형석, 2018). 다양한 AI 유형 중 우리는 음성 인식 기반의 AI인 챗봇 또는 음성 인식 비서 서비스(예: 아마존의 알렉사, 애플의 시리, 삼성전자의 빅스비, SK텔레콤의 누구, 인천공항의 안내 로봇인 LG 클로이)를 일상생활에서 자주 접한다(최지혜·이선희, 2017; Damiano, Dumouchel and Lehmann, 2015). 본 장에서 산업 현장에서 제품 제조에 활용되는 산업용 로봇이 아닌 이용자와 직접적 접촉을 통해 다양한 종류의 서비스(예: 날씨 정보 제공, 식당 예약)를 이용자에게 제공하는 AI에 대한 고령자의 수용에 초점을 맞추고자 한다.

AI 수용의 의미는 AI에 대한 긍정 태도, 구입 의향 및 이용 의향의 형성 또는 제고 그리고 실제 이용 행동을 모두 포괄한다(유재현·박철, 2010). 우리의 삶의 질을 제고하기 위해서 AI가 우리의 일상생활에 도입되지만, 일부 사람들은 AI 수용을 거부하거나 어려워한다. 특히, 빠른 고령화로 인해서 급증하는(전성진·강정석, 2019) 국내 고령자는 신체적 노화(예: 시력 감퇴), 거부감, 이용 정보 부족 등의 이유로 AI의 수용을 거부하거나 어려워할 가능성이 크다(Venkatesh, Thong, and Xu, 2012; 김효정, 2021). 그런데 이용자가 AI와 상호작용을 할 때 정서 교류가 발생하고, 그 결과가 긍정적이냐 아니면 부정적이냐에 따라서 AI 수용이 결정된다(Damiano, Dumouchel, and Lehmann, 2015; Zhang, 2013). 고령자가 긍정 정서 경험을 추구하려는 동기가 강하다(Carstensen, 1995)는 점을 고려하면, 고령자가 AI와 상호작용하면서 경험하는 정서가 고령자의 AI 수용 여부나 정도에 미치는 영향이 클 것으로 예상된다. 이와 같은 예상하에 본 장에서 먼저 고령자의 정의를 소개할 것이다. 이후 고령자의 AI 수용에 직·간접적 영향을 미칠 것으로 예상되는 고령자의 정서 관련 특징을 제안하고, 이들 정서 관련 특징과 AI 특징 간의 관계를 소개하고자 한다.

1. 고령자의 정의

일반적으로 고령자는 출생 연도로 정해지는 실제 연령(chronological

age)을 기준으로 정의한다. 그런데 각 국가마다 사람들이 고령자라고 인식하는 실제 연령의 기준이 다르다(Chan et al., 2012). 예를 들어, 한국은 만 62.9세, 말레이시아는 만 47.6세, 이탈리아는 만 66.6세로 고령자의 실제 연령 기준이 다양하다.

국가 간 고령자 인식에 관한 실제 연령 기준 차이뿐만 아니라, 국내에서 근거 법령에 따라서 고령자를 정의하는 실제 연령 기준이 다음과 같이 다르다. 첫째, 고령자를 만 50세 이상으로 정의하는 기준이다. 이 기준의 적용은 고용 및 취업과 관련된 고령자 고용촉진법을 따른 것이다(노승현, 2012). 둘째, 고령자를 만 60세 이상으로 정의하는 기준이다(박선숙, 2018). 산업계의 일반적 은퇴 연령이 만 60세이고, 노령연금 급여 대상자가 만 60세 이상이기 때문에 이와 같은 기준의 적용이 가능하다. 마지막으로 노인복지법을 근거로 세금 감면, 할인 등의 고령자 혜택이 제공되는 연령인 만 65세를 기준으로 고령자를 정의할 수 있다(박준범·남궁미, 2019). 이상의 논의에 의하면, 국내에서 고령자를 정의하는 최저 실제 연령은 만 50세이며, 최고 실제 연령은 만 65세라고 볼 수 있다.

실제 연령을 기준으로 정의한 동일한 고령자 집단에 소속된 고령자라도 상이한 정서 관련 특성을 가질 수 있다(최은영 외, 2017). 따라서 필요한 경우, 실제 연령을 기준으로 정의한 고령자 집단을 세분화할 필요가 있다. 실제 연령 이외에 고령자 집단을 세분화할 때 자주 사용되는 기준이 인지 연령(cognitive age)이다. 인지 연령은 출생 연도로 정해지는 실제 연령과 달리 고령자가 스스로 지각하는 주관적 연령이며, 다음과 같은 방법으로 측정할 수 있다(김남진·강정석, 2021). 첫째, 고령자가 "다음

중 당신을 가장 잘 묘사한 형용사를 고르시오"라는 질문에 대해 특정 연령대를 묘사하는 형용사(예: 젊은, 중년의, 늙지 않은) 중 하나를 고르는 방법으로 측정한다. 둘째, 고령자가 "당신은 본인이 몇 살이라고 느끼십니까?"라는 질문에 대해서 본인이 생각하는 본인의 연령을 기입하는 방법이다. 셋째, 고령자가 인지연령의 4개 차원인 감정 연령(feel age) 차원에서, '본인이 어느 연령으로 느끼는가?', 외모 연령(look age) 차원에서 '본인이 어느 연령처럼 보이는가?', 행동 연령(do age) 차원에서 '본인이 어느 연령처럼 행동하는가?' 및 관심 연령(interest age) 차원에서 '본인이 어느 연령의 사람들과 관심사가 비슷한가?'라는 각 질문에 대해서 본인이 생각하는 본인의 연령을 기입하는 방법으로 측정한다. 이때 네 개 차원의 질문에 대해 고령자가 응답한 연령의 평균이 인지 연령이다. 넷째, 고령자가 응답한 감정 연령과 실제 연령의 차이 값으로 인지 연령을 측정하는 방법이다. 마지막으로 어의변별척도(예: 활동적이지 않은 – 활동적인, 병약한 – 건강한, 가치 없는 – 가치 있는)를 이용해서 인지 연령을 측정한다. 그런데 인지 연령은 고령자의 자기개념(자신에 대한 생각과 느낌의 총체)을 구성하는 한 요소이기 때문에(정주원·조소연, 2013; Keyes and Westerhof, 2012), 실제 연령보다 고령자의 정서 관련 특징 차이를 유발할 가능성이 크다.

2. 고령자의 정서 관련 특징

고령자의 대표적 정서 관련 특징은 정서 조절 동기가 강하다는 점이다(Carstensen, 1995). 정서 조절 동기가 강한 고령자는 부정 정서를 유발하는 상황이나 자극을 피하고, 본인의 긍정 정서 상태를 유지하고자 노력한다. 그 결과, 고령자는 인간이 아닌 대상의 의인화(anthropomorphism)를 통해 부정 정서(예: 외로움)를 감소시키려고 하고, 부정 정서인 기술 불안을 피하려고 하며, 부정 정서(예: 당혹감)를 유발하는 고령자에 대한 부정적 고정관념 위협 단서에 민감하다. 이와 같은 고령자의 정서 관련 특징을 AI 수용과 연결해서 설명하면 다음과 같다.

먼저 고령자는 은퇴, 거동의 불편함 등으로 인해 사회적 교류가 줄어들면서 외로움을 많이 느낀다(송준아 외, 2007; 박영주 외, 2004). 고령자는 부정 정서인 외로움을 감소시키려는 사회성(sociality) 동기의 발현으로 인해 AI를 인간처럼 생각하고 느낄 수 있다(Epley, Waytz, and Cacioppo, 2007; Li, Yu, and Peng, 2020; 송유진 외, 2021). 그 결과, 고령자의 강한 정서 조절 동기가 AI의 의인화에 영향을 미칠 것으로 예상된다.

둘째, 고령자는 젊은 세대보다 새로운 기술의 이용에 대한 불안(기술 불안) 수준이 높다(Czaja et al., 2006). 그런데 고령자의 높은 기술 불안 수준은 새로운 기술인 AI의 수용에 부정적 영향을 미친다(Dönmez-Turan and Kir, 2019). 또한 기술 불안을 느낀 고령자는 AI에 대한 통제감을 경험하고자 AI를 의인화할 수 있다(Blut et al., 2021; Epley, Waytz and Cacioppo, 2007). 이와 같은 의인화는 고령자의 효능성(effectance) 동기 충족의 결과로 이해할 수 있다. 따라서 기술 불안은 AI 수용과 AI 의인화에 영향을 미칠 것으로 예상된다.

셋째, 고령자는 고령자가 새로운 기술의 이용을 못 하거나 어려워한다는 부정적 고정관념을 가지고 있다(Ivan and Schiau, 2016). 고령자 본인이 타인이 주변에 있는 때 새로운 기술을 이용하는 상황은 고령자에게 고령자에 대한 부정적 고정관념을 각성시키는 위협 단서에 해당된다. 이와 같은 위협 단서는 고령자의 부정 정서(예: 당혹감) 체험을 유발하기 때문에, 정서 조절 동기가 강한 고령자는 새로운 기술 수용과 관련된 고령자에 대한 부정적 고정관념 위협 단서에 민감하다(김효정, 2021; Ivan and Schiau, 2016). 고령자가 본인이 새로운 기술인 AI를 이용하는 상황을 고령자에 대한 부정적 고정관념 위협 단서로 인식하면, AI 이용을 거부하거나 회피하거나 연기할 가능성이 높다(Tepper, 1994). 그리고 고령자는 AI 이용 상황에서 고령자에 대한 부정적 고정관념 위협을 피하려는 자기 보호(self-protection) 동기로 인해서, AI를 의인화할 수 있다(Yang, Aggarwal, and McGill, 2019). 즉, 고령자의 특징인 고령자에 대한 부정적 고정관념 위협 단서 민감은 AI 수용과 AI 의인화에 영향을 미칠 가능성이 크다.

마지막으로 메타분석 결과, 고령자의 정서 조절 동기, 기술 불안 및 고령자에 대한 부정적 고정관념 위협 단서 민감에 영향을 받는 AI 의인화는 AI 수용에 긍정적 영향을 미치는 것으로 밝혀졌다(Blut et al., 2021).

앞서 소개한 AI 의인화와 관련된 사회성 동기, 효능성 동기 및 자기 보호 동기는 이후에 구체적으로 설명할 것이다. 이상의 내용을 도식적

그림 6-1_ 고령자의 정서 관련 특징과 AI 수용 간의 관계

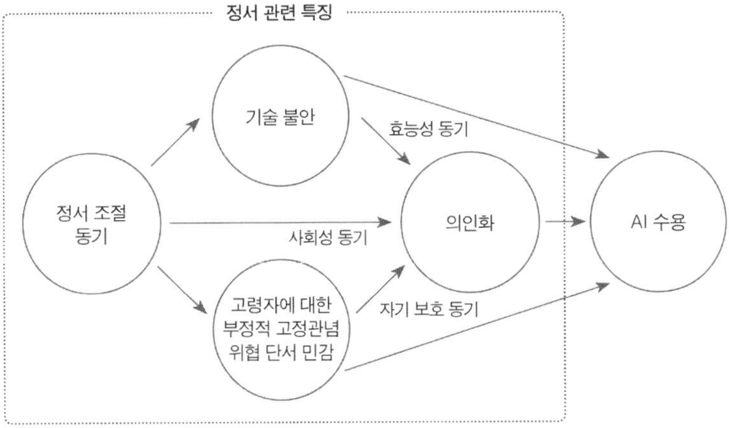

자료: 본 장의 저자가 다수의 자료를 참고해서 작성함.

으로 요약하면 〈그림 6-1〉과 같다.

1) 고령자의 정서 조절 동기

사회 정서적 선택 이론(socioemotional selectivity theory)에 의하면, 사람들은 일생을 살아가면서 자기개념의 개발과 유지 동기, 정보 추구 동기 및 정서 조절 동기를 추구한다(Carstensen, 1995). 각 동기의 정의는 다음과 같다. 먼저 자기개념이란 한 개인이 본인을 하나의 대상으로 보고, 한 대상인 본인에 대한 생각과 느낌을 총괄하는 개념적 표상이다(Sirgy, 1982; 성영신·강정석, 2015). 자기개념의 개발과 유지 동기는 한 개인이 본인이 원하거나(이상적 자기개념) 사회적으로 바람직한(사회적 자기개념) 자

6장 고령자의 정서 관련 특징과 AI 수용 **129**

그림 6-2_ 연령 증가에 따른 우선 추구 동기의 변화 패턴

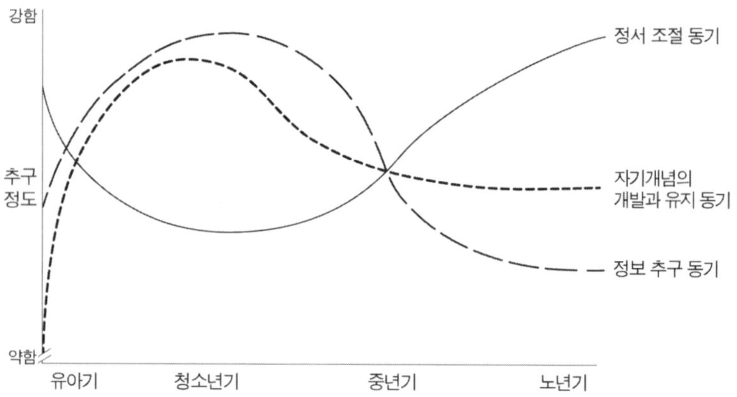

자료: Carstensen(1995: 152)의 〈그림 1〉 중 일부 내용을 수정해서 작성함.

기개념을 개발하거나(자기개념의 고양), 본인의 현실적 자기개념, 이상적 자기개념 또는 사회적 자기개념을 유지하려는(자기개념의 유지) 욕구이다 (Sirgy, 1982; 박하연·강정석, 2015). 둘째, 정보 추구 동기는 한 개인이 사회적 환경 또는 물리적 환경을 학습하려는 욕구를 말한다(Carstensen, Isaacowitz, and Charles, 1999). 마지막으로 정서 조절 동기는 한 개인이 부정 정서 상태를 피하고, 긍정 정서 상태를 지향하는 욕구이다(Carstensen Isaacowitz, and Charles, 1999; Higgins, 1997).

〈그림 6-2〉에서 보는 바와 같이, 사람들은 인생 전반에 걸쳐서 자기개념의 개발과 유지 동기를 비교적 지속적으로 추구한다. 그러나 사람들은 나이가 들어감에 따라서 정보 추구 동기와 정서 조절 동기 중 어떤 동기를 우선적으로 추구할 것인가가 달라진다. 사람들은 청소년기에는 정보 추구 동기를 정서 조절 동기보다 우선적으로 추구하지만, 노년기

로 갈수록 정서 조절 동기를 정보 추구 동기보다 우선적으로 추구한다.

인생의 특정 시기(예: 청소년기 대 노년기)에 따라서 정보 추구 동기와 정서 조절 동기의 우선 추구 정도가 달라지는 이유는 다음과 같다 (Carstensen, 1992; 1995; Charles and Carstensen, 1999; Carstensen, Fung, and Charles, 2003; 김남진·강정석, 2021). 사람들은 나이가 들수록 건강 질환 경험, 친구나 가족 구성원의 사망 등과 같은 다양한 신체적 또는 사회적 변화로 인해서 본인의 남은 생애를 짧게(제한적으로) 지각하는 반면, 나이가 젊을수록 본인의 남은 생애를 길게(확장적으로) 지각한다. 본인의 남은 생애를 확장적으로 지각하는 젊은 세대는 현재보다 미래에 대한 계획을 수립하고, 그로 인해 얻게 될 미래 보상을 중시한다. 그 결과, 젊은 세대는 현재의 정서적 만족을 희생해서라도 새로운 정보를 학습하려는 정보 추구 동기를 정서 조절 동기보다 우선으로 추구한다. 그러나 본인의 남은 생애를 제한적으로 지각하는 고령자는 현재의 학습을 통해 습득한 정보가 보상으로 돌아올 미래를 불투명하게 생각하기 때문에, 현재에 초점을 맞춘 사고를 하게 된다. 따라서 고령자의 경우, 정보 추구 동기는 우선 추구 순위에서 밀려나고 본인의 즉각적인 정서적 만족을 제공하는 정서 조절 동기를 우선하여 추구한다.

고령자가 젊은 세대에 비해서 정서 조절 동기를 우선으로 추구하기 때문에, 고령자는 부정 정서(예: 외로움) 경험을 피하고 본인의 긍정 정서 상태를 유지하는 방향으로 정서를 조절하고자 동기화된다. 이때 고령자가 지향하는 삶의 목표는 정서적 만족감을 얻고 본인의 긍정 정서 상태를 유지하는 것이다. 고령자의 강한 정서 조절 동기화는 다음과 같은 결과를 유발한다. 첫째, 고령자는 부정적 대상이나 사건에 대한 주관적 해석을 통해 부정 정서 또는 강한 부정 정서의 체험을 차단하거나 부정하거나 회피하는 경향이 강하다(김민희·민경환, 2004). 따라서 고령자는 젊은 세대에 비해서 일상생활에서 부정 정서를 덜 경험하고, 긍정 정서를 많이 경험하며, 같은 부정 정서라도 각성 수준이 높은 부정 정서(예: 분노)보다 각성 수준이 낮은 부정 정서(예: 섭섭함)를 더 많이 느낀다. 둘째, 긍정 정서 상태를 유지하려는 고령자의 강한 정서 조절 동기화는 인지적 측면에서 정보처리 과정의 긍정성 선호로 발현된다(Carstensen, Isaacowitz, and Charles, 1999; Isaacowitz et al., 2006). 고령자의 긍정성 선호란 고령자가 젊은 세대에 비해서 부정 정보나 중립 정보보다 긍정 정보를 더 적극적으로 처리하는 경향을 말한다(Reed, Chan, and Mikels, 2014; Murphy and Isaacowitz, 2008). 많은 연구들은 고령자의 인지적 측면 전반에서 긍정성 선호가 발현됨을 실증적으로 검증했다. 그 결과, 고령자는 젊은 세대에 비해서 긍정 정보에 더 많은 주의를 기울이고(주의: Isaacowitz et al., 2006; Isaacowitz et al., 2008), 주어진 정보를 더 긍정적으로 인식하며(인식: Kellough and Knight, 2012), 긍정 정보를 더 잘 기억하고(기억: Knight, Maines, and Robinson, 2002; 남미경·방희정, 2018; 안미소·김혜리, 2018) 긍정 정보를 더 많이 선택하는 것으로(의사결정: Lockenhoff and Carstensen, 2007) 밝혀졌다.

고령자는 은퇴, 거동의 불편함 등으로 인해 사회적 교류가 적어 외로움을 많이 느낄 수 있다(송준아 외, 2007; 박영주 외, 2004). 이때 앞서 논의한 고령자의 주요 정서 관련 특징인 강한 정서 조절 동기화로 인해 고령자는 부정 정서인 외로움을 해소하고자 AI를 인간처럼 대할(AI 의인화) 가능성이 있다(송유진 외, 2021).

2) 고령자의 기술 불안

기술수용모형(Technology Acceptance Model)은 사람들의 새로운 기술 수용 과정을 설명하는 이론이다. 기술수용모형은 새로운 특정 기술(예: 컴퓨터, 스마트폰, 온라인 쇼핑)에 대한 지각된 유용성(perceived usefulness)과 지각된 용이성(perceived ease of use)이 해당 기술의 수용 여부에 가장 큰 영향을 미친다고 제안한다. 이때 지각된 유용성은 한 개인이 새로운 기술을 이용하면 본인에게 이득이 될 것이라고 믿는 정도로 정의되고, 지각된 용이성은 한 개인이 새로운 기술을 이용하기 위해서 투입해야 하는 본인의 노력이 적을 것이라고 믿는 정도를 말한다(Kamal, Shafiq and Kakria, 2020). 이 기술수용모형은 새로운 기술인 AI의 수용에도 적용된다(예: 민윤정·안재경·김소영, 2020).

기술수용모형과 관련된 다수의 연구를 통합한 유재현·박철(2010)의 제안에 따르면, 다음과 같은 과정을 거쳐서 사람들이 새로운 기술을 수용하거나 수용하지 않는다. 먼저, 새로운 기술의 시스템 특성(예: 응답시간, 접근성), 새로운 기술과 관련된 사회적 특성(예: 타인의 사용 정도) 및 새로운 기술과 관련된 이용자 특성(예: 이용 경험, 자기효능감)은 새로운 기술에 대한 지각된 유용성과 지각된 용이성에 영향을 미친다. 따라서 이들 특성은 새로운 기술에 대한 지각된 유용성과 지각된 용이성의 선행 요

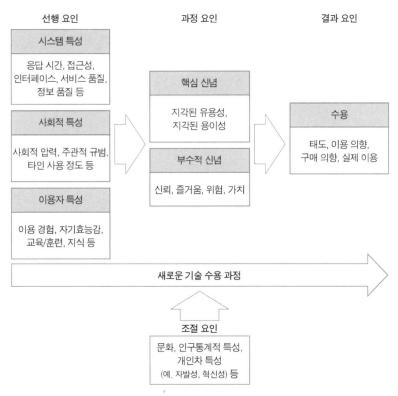

그림 6-3_ 기술수용모형의 개요

선행 요인　　　　　　　　과정 요인　　　　　　　　결과 요인

시스템 특성

응답 시간, 접근성,
인터페이스, 서비스 품질,
정보 품질 등

사회적 특성

사회적 압력, 주관적 규범,
타인 사용 정도 등

이용자 특성

이용 경험, 자기효능감,
교육/훈련, 지식 등

핵심 신념

지각된 유용성,
지각된 용이성

부수적 신념

신뢰, 즐거움, 위험, 가치

수용

태도, 이용 의향,
구매 의향, 실제 이용

새로운 기술 수용 과정

조절 요인

문화, 인구통계적 특성,
개인차 특성
(예. 자발성, 혁신성) 등

자료: 유재현·박철(2010: 36)의 〈그림 2〉를 재구성해서 작성함.

인이라고 볼 수 있다. 이때 지각된 유용성과 지각된 용이성은 새로운 기술에 대한 핵심 신념에 해당된다. 또한 새로운 기술의 시스템 특성, 새로운 기술과 관련된 사회적 특성 및 새로운 기술과 관련된 이용자 특성은 새로운 기술에 대한 부수적 신념(예: 새로운 기술 이용 중 경험하는 즐거움 또는 위험)에도 영향을 미친다. 과정 요인인 새로운 기술에 대한 핵심 신념과 부수적 신념은 결과 요인인 새로운 기술에 대한 수용(예: 이용 의향,

실제 이용)에 영향을 미친다. 마지막으로 이용자가 속한 문화 특성, 이용자의 인구통계적 특성, 이용자의 개인차 특성(예: 혁신성, 자발성) 등이 '선행 요인 → 과정 요인 → 결과 요인'의 관계를 조절한다(조절 요인). 이상의 내용을 도식적으로 정리하면 〈그림 6-3〉과 같다.

기술 불안은 이전에 사용한 적이 없는 새로운 기술(예: 컴퓨터, 스마트폰, 온라인 쇼핑)의 이용을 고려하거나 이용을 시작할 때 한 개인이 경험하는 두려움과 걱정으로 정의할 수 있다(Kamal et al., 2020; Dönmez-Turan and Kir, 2019). 메타분석 연구에 의하면, 기술 불안이 증가할수록 기술수용모형에서 새로운 기술의 수용 여부를 결정하는 새로운 기술에 대한 지각된 유용성과 지각된 용이성이 감소하는 것으로 밝혀졌다(Dönmez-Turan and Kir, 2019). 따라서 새로운 특정 기술에 대한 기술 불안이 증가할수록 해당 기술에 대한 지각된 유용성과 지각된 용이성은 낮아져서, 최종적으로 해당 기술에 대한 태도, 이용 의향, 구매 의향 및 실제 이용이 낮아질 수 있다. 그런데 사람들은 나이가 들어감에 따라서 기술 불안이 증가하는 것으로 밝혀졌다(Czaja et al., 2006). 이상의 내용을 종합하면, 고령자는 젊은 세대보다 새로운 기술인 AI의 이용을 고려하거나 이용을 시작할 때 더 강한 기술 불안을 경험한다. 그 결과, 고령자는 AI에 대한 유용성과 용이성을 낮게 지각해서 AI를 수용하지 않을 가능성이 크다.

3) 고령자의 고령자에 대한 부정적 고정관념 위협 단서 민감

고정관념은 특정 집단(예: 고령자)에 대한 부정적 또는 긍정적 신념과 태도를 의미한다(Pescosolido and Martin, 2015). 사람들은 고령자가 충동성이 낮고 친절하지만, 행동이 느리며 개방적이지 않다는 고령자에 대한 고정관념을 가지고 있다(Chan et al., 2012). 고령자가 충동성이 낮고 친절하다는 내용은 고령자에 대한 긍정적 고정관념이지만, 고령자가 행동이 느리고 개방적이지 않다는 내용은 고령자에 대한 부정적 고정관념에 해당된다. 그런데 고령자는 고령자에 대한 부정적 고정관념의 내용을 알고 있으며, 본인이 타인에 의해서 고령자에 대한 부정적 고정관념에 맞게 취급되고 실제로 본인이 고령자에 대한 부정적 고정관념에 맞추어 행동할 수 있다는 두려움을 느낀다(김혜숙, 1999). 이와 같은 두려움은 고령자가 고령자에 대한 부정적 고정관념으로 인해 본인이 사회적으로 평가 절하되고 배제되며 차별을 받는 사회적 낙인에 찍히는 것을 우려하기 때문에 발생한다(Pescosolido and Martin, 2015). 따라서 고령자는 타인이 고령자에 대한 부정적 고정관념을 본인에게 적용해서, 본인이 사회적 낙인의 대상이 될 것을 염려한다.

고령자에 대한 부정적 고정관념 위협 단서란 고령자가 타인이 고령자에 대한 부정적 고정관념을 본인에게 적용할 것으로 예상되는 상황이나 타인이 고령자에 대한 부정적 고정관념을 본인에게 적용하도록 촉진하는 자극으로 정의할 수 있다(Ivan and Schiau, 2016; Chaney, Sanchez, and Maimon, 2019; Sanchez, Chaney, and Maimon, 2019). 일반적으로 사람들은 고령자가 새로운 기술의 이용을 어려워하고 새로운 기술을 제대로 이용하지 못한다는 부정적 고정관념을 가지고 있다(Ivan and Schiau, 2016). 이와 같은 부정적 고정관념은 고령자가 새로운 기술을 이용하는 상황이나 타인이 새로운 기술 수용과 관련된 고령자에 대한 고정관념을 본인에게 적용하도록 촉진하는 자극에 노출될 때 강하게 활성화된다. 특히, 고령자가 새로운 기술을 이용할 때 타인의 존재를 의식하면, 새로운 기술 수용과 관련된 고령자에 대한 부정적 고정관념 위협 단서에 더 민감하다.

새로운 기술 수용과 관련된 고령자에 대한 부정적 고정관념 위협 단서가 고령자에게 미치는 영향에 대한 연구 결과를 소개하면 다음과 같다. 먼저, 고령자가 키오스크(무인주문기)를 이용할 때, 고령자 본인의 이용 행동을 관찰하는 사람이나 본인 뒤에서 키오스크 이용을 기다리는 사람이 존재하는 상황이 고령자에게 고령자에 대한 부정적 고정관념 위협 단서로 작용한다(김효정, 2021). 이와 같은 고령자에 대한 부정적 고정관념 위협 단서는 고령자의 키오스크 이용 실패를 유발한다. 그 결과, 고령자는 자책하거나 직원이나 동반자에게 부정 정서를 표출하고 이후 키오스크를 이용하지 않으려고 한다. 또한 고령자가 ICT 제품(예: 태블릿 PC)을 이용할 때, 아동이나 젊은 세대에게 본인의 낮은 ICT 제품 이용 기술을 보여주는 상황이 고령자에게 고령자에 대한 부정적 고정관념 위협 단서로 작용한다(Ivan and Schiau, 2016). 이와 같은 고령자에 대한 부정적 고정관념 위협 단서는 고령자의 기술 불안을 증가시키며, 고령자의 ICT 제품 이용 실수를 유발한다. 이처럼 고령자에게 새로운 기술 이용 상황(예: 키오스크 이용 상황, 태블릿 PC 이용 상황)은 고령자에 대한 부정적 고정관념을 위협하는 단서에 해당된다. 마지막으로 고령자 할인이라는 마케팅 활동도 고령자에게 고령자에 대한 부정적 고정관념 위협 단서로 작용할 수 있다(Tepper, 1994). 상대적으로 실제 연령이 낮은 고령자(50~54세)는 고령자 할인을 받으면, 본인의 나이가 많고 금전적으로 넉넉하지 않다는 점을 인정하는 것이며 본인이 고령자 할인매장에서 홀대를 받을 수 있다고 생각한다. 그 결과, 고령자는 고령자 할인을 이용하지 않으려고 한다.

한국의 고령자는 개인주의 가치관보다 집단주의 가치관을 더 강하게 추구한다(박혜경·김상아, 2018). 집단주의 가치관은 집단 구성원과의 조화로운 관계 유지, 집단 소속감 등을 강조하고, 개인주의 가치관은 한 개인의 독립성과 고유성을 강조한다(Oyserman, Coon, and Kemmelmeier, 2002). 집단주의 가치관을 추구하는 한국의 고령자는 본인에게 사회적 낙인이 찍히는 것을 두려워하는 경향이 강하기 때문에, 고령자에 대한 고정관념 위협 단서에 매우 민감할 것으로 예상된다. 또한 한국인은 미국인보다 고령자를 더 부정적으로 인식한다(Yun and Lachman, 2006). 이 점을 고려하면, 한국의 고령자는 고령자에 대한 고정관념 위협 단서에 민감할 것이다. 이상의 내용을 종합하면, AI 이용 상황이 새로운 기술 이용 상황에 해당되기 때문에, 한국의 고령자는 AI 이용 상황이라는 고령자에 대한 고정관념 위협 단서에 매우 민감할 것으로 예상된다.

4) 고령자의 의인화

의인화란 사람들이 인간이 아닌 대상(생물과 무생물)에게 인간의 특성
(예: 동기, 의향, 정서)을 부여하는 경향을 말한다(Epley, Waytz, and
Cacioppo, 2007; Yang, Aggarwal, and McGill, 2019). 예를 들어, 사람들이 특
정 자동차 브랜드(예: 렉서스)를 사람처럼 묘사하는 글(예: '안녕! 나는 렉서
스야')을 읽고, 해당 자동차의 그릴이 웃는 모습처럼 보이는 사진을 볼
때가 해당 자동차의 그릴이 찡그린 모습처럼 보이는 사진을 볼 때보다
해당 자동차를 더 인간처럼 지각한다(Aggarwal and McGill, 2007). 이때 찡
그림은 인간 이외의 다른 생물(예: 침팬지)도 표현할 수 있는 정서 반응이
지만, 웃음은 인간만이 표현할 수 있는 고유한 정서 반응이다. 즉, 사람
들은 인간의 특성(예: 자기소개, 웃음)을 가진 '인간이 아닌 대상(예: 자동차)
을' 인간처럼 인식한다(의인화).

사람들은 다음과 같은 동기 때문에 인간이 아닌 대상을 의인화한다
(Epley, Waytz, and Cacioppo, 2007; Yang, Aggarwal, and McGill, 2019). 의인화
를 유발하는 동기 중 첫 번째는 효능성 동기이다. 효능성 동기란 인간이
아닌 대상과 효과적으로 상호작용해서 불확실한 환경을 예측하고 통제
하려는 한 개인의 욕구를 말한다. 한 예로, 호랑이가 갑자기 출몰해서
사람들에게 해를 끼치는 일(호환)이 빈번했던 옛날에는 사람들에게 호랑
이의 출현은 통제할 수 없는 두려운 상황이었다. 그런데 「은혜 갚은 호
랑이」, 「호랑이 등에 탄 효자」와 같은 전래 동화에서 호랑이는 인간처
럼 사람의 말과 처지를 이해하고, 은혜를 갚는 사람 같은 존재로 묘사된

다. 이와 같은 호랑이의 의인화는 옛날 사람들이 호랑이와 마주친 상황이라도 호랑이를 인간적으로 대우하면 해를 입지 않을 것이라는 통제감을 느끼게 만든다. 둘째, 강한 사회성 동기가 의인화를 유발한다. 사회성 동기는 한 개인이 다른 사람들과 사회적 관계를 맺고 싶은 욕구이다. 사회성 동기는 사람들이 외롭거나 사회적으로 배제되는 경우에 강하게 발현된다. 예를 들어, 2000년에 개봉한 〈캐스트 어웨이(Cast Away)〉라는 영화 속에서 주인공(톰 행크스 분)은 전 세계의 많은 사람을 만나며 일하는 매우 바쁜 사람이다. 그런데 주인공이 업무차 타고 가던 비행기가 바다에 추락해서 비행기 추락 장소 인근의 무인도에서 홀로 생활하게 된다. 주인공은 해안가에 떠밀려 온 배구공을 우연히 발견하고, 이를 가지고 있다가 사고로 손에 상처를 입었을 때 피가 묻은 본인의 손바닥 자국을 배구공에 남긴다. 이후 무인도 생활 중 주인공은 본인의 손바닥 자국이 찍힌 배구공을 윌슨이라고 부르며 사람처럼 대한다. 마지막으로 강한 자기 보호 동기가 의인화를 유발한다. 자기 보호 동기는 한 개인이 잠재적 위협으로부터 본인을 보호하려는 욕구를 말한다. 예를 들어서, 사람들이 중요한 시험(예: 대학수학능력시험)의 준비나 중요한 업무(예: 회사의 사활이 달린 중요 프로젝트)의 처리가 본인의 뜻대로 되지 않아 큰 어려움을 겪을 때, 시험이나 업무가 인간이 아님에도 불구하고 '네가 이기나 내가 이기나 해보자!'라는 말을 한다. 이런 말을 하는 것도 시험이나 업무를 의인화한 것이라고 볼 수 있다. 이때 중요한 시험이나 업무는 시험에 떨어지거나 업무 처리를 제대로 못 했을 때, 사람들이 매우 부정적인 결과(예: 대학 입학을 위해 재수를 함, 승진 심사에서 떨어짐)를 받게 되는 강한 잠재적 위협에 해당된다.

효능성 동기, 사회성 동기 및 자기 보호 동기의 활성화는 의인화를 유발한다. 이들 동기에 의해서 촉발된 의인화는 인간이 아닌 대상에 대한 귀납적 추론 과정이며, 다음과 같은 단계를 거쳐서 발생한다(Epley, Waytz, and Cacioppo, 2007). 첫 번째 단계, 사람들은 인간이 아닌 특정 대상(예: M&M's 노란 캐릭터)을 처음 볼 때 해당 대상과 관련해서 인간 관련 지식(예: '입술이 있으면 인간이다', '인간의 입술은 빨간색이다')이 활성화되거나 활성화되지 않을 수 있다. 예를 들어서, 인간이 아닌 대상의 외양이 인간의 외모와 유사하면, 인간 관련 지식이 활성화되기 쉽다. 인간 관련 지식이 활성화된 이후 사람들은 인간이 아닌 대상이 가진 비인간적 특성을 수용하기 위해서, 본인이 가지고 있는 의인화 표상(anthropomorphic representation)을 수정하거나 조정한다(2단계). 이때 의인화 표상이란 인간의 특성을 인간이 아닌 특정 대상에 귀속시킬 수 있는지를 판단하기 위해서, 해당 대상의 특성 지각과 인식에 적용되는 가설들(예: '만화 속 주인공들은 사람이지만, 이들 중 입술 색이 없는 경우가 있다')의 집합이라고 정의할 수 있다(Epley et al., 2007; *APA Dictionary of Psychology*, n.d.). 마지막 단계에서 의인화 표상의 수정과 조정이 성공하면, 사람들은 인간이 아닌 대상에 수정된 또는 조정된 의인화 표상(예: 'M&M's 노란 캐릭터의 노란색 입술도 인간 특성으로 볼 수 있다')을 적용한다. 그 결과, 사람들은 인간이 아닌 대상을 인간처럼 인식한다(예: 'M&M's 노란색 캐릭터는 인간이다'). 이상의 내용을 초콜릿 브랜드인 M&M's 노란 캐릭터의 의인화에 도식적으로 적용하면 〈그림 6-4〉와 같다.

그림 6-4_ M&M's 노란 캐릭터의 의인화 사례

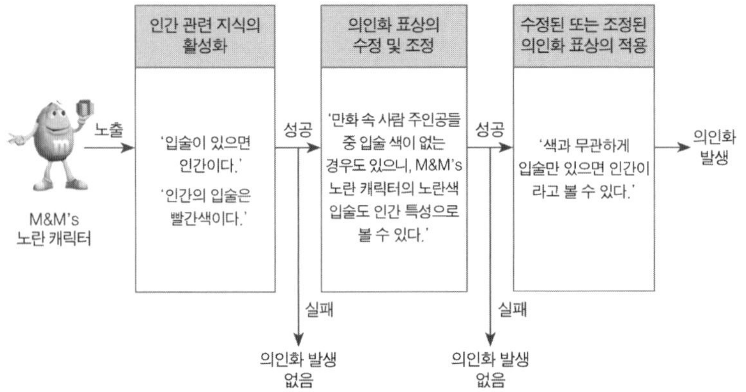
인간 관련 지식의 활성화
의인화 표상의 수정 및 조정
수정된 또는 조정된 의인화 표상의 적용
노출
M&M's 노란 캐릭터
'입술이 있으면 인간이다.'
'인간의 입술은 빨간색이다.'
성공
'만화 속 사람 주인공들 중 입술 색이 없는 경우도 있으니, M&M's 노란 캐릭터의 노란색 입술도 인간 특성으로 볼 수 있다.'
성공
'색과 무관하게 입술만 있으면 인간이라고 볼 수 있다.'
의인화 발생
실패
의인화 발생 없음
실패
의인화 발생 없음

자료: Epley, Waytz, and Cacioppo(2007)의 3단계 의인화 과정 설명을 기반으로 작성함.
M&M's 노란 캐릭터(https://chocolate.fandom.com/wiki/M%26M%27s_Characters?file=Mm.jpg)

AI의 의인화는 이용자의 효능성 동기와 사회성 동기를 충족시켜서, 이용자와 AI 간의 상호작용을 촉진하는 역할을 한다(Blut et al., 2021). 그 결과, AI의 의인화는 이용자의 AI 수용에 긍정적 영향을 미친다. 일반적으로 사람들은 나이가 들수록 의인화를 덜 하는 것으로 알려졌다(Letheren et al., 2016). 이와 같은 추세는 AI의 의인화에도 동일하게 적용되어서, 서구인을 대상으로 진행된 연구를 대상으로 실시한 메타분석 연구에서 사람들이 나이가 들수록 AI의 의인화를 덜 하는 것으로 나타났다(Blut et al., 2021). 그러나 한국인과 유사하게 집단주의 가치관을 중시하는 일본인을 대상으로 진행한 연구에서 일본인은 연령이 증가할수록 AI의 의인화를 더 많이 하는 것으로 밝혀졌다(Kamide et al., 2013). 또한 국내 고령자는 본인이 경험하는 외로움이 강할수록 사회성 동기 충족을 위해서 AI를 인간처럼 인식한다(송유진 외, 2021). 이들 연구 결과를 종합하면, 국내 고령자는 사회적 교류를 중시하는 집단주의 가치관을 추구하지만(박혜경·김상아, 2018), 은퇴, 거동의 불편함 등으로 인해 사회적 교류가 적어 외로움을 많이 느끼기 때문에(송준아 외, 2007; 박영주 외, 2004) AI의 의인화를 많이 할 것으로 예상된다.

3. 고령자의 정서 관련 특징과 AI 특징 간의 관계

고령자의 AI 수용을 촉진하기 위해서, 고령자의 정서 관련 특징에 맞는 AI를 개발하고 개선하는 일이 요구된다(Yoon, Cole, and Lee, 2009). 이와 관련해서, 우선 고령자의 정서 관련 특징과 관련된 AI 특징이 무엇인지를 파악할 필요가 있다. 이에 본 장에서 다양한 AI 특징 중 고령자의 정서 관련 특징과 직접적으로 관련될 수 있는 주요 AI 특징을 선별해서

그림 6-5_ **고령자의 정서 특징과 AI 특징과 간의 관계 요약**

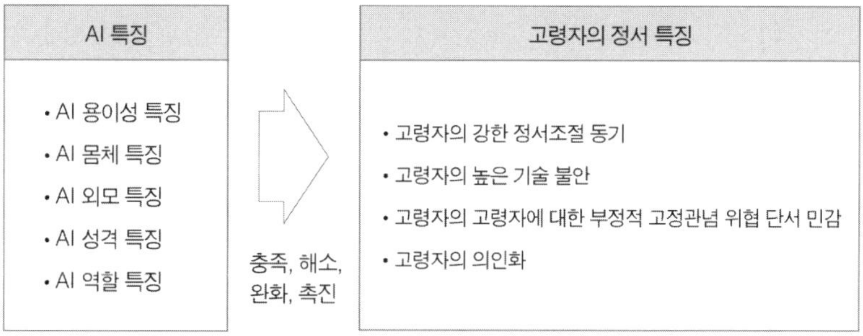

AI 특징		고령자의 정서 특징
• AI 용이성 특징 • AI 몸체 특징 • AI 외모 특징 • AI 성격 특징 • AI 역할 특징	충족, 해소, 완화, 촉진	• 고령자의 강한 정서조절 동기 • 고령자의 높은 기술 불안 • 고령자의 고령자에 대한 부정적 고정관념 위협 단서 민감 • 고령자의 의인화

자료: 본 장의 저자가 다수의 자료를 참고해서 작성함.

소개하고자 한다. 이들 AI 특징을 다음과 같은 방향으로 개발하고 개선하면, 고령자의 AI 수용을 촉진하는 데 효과적일 것으로 기대된다(〈그림 6-5〉 참조). AI 특징은 고령자가 AI와 상호작용하는 과정에서 경험하는 강한 정서 조절 동기를 충족하고, 높은 기술 불안을 해소하며, 고령자에 대한 부정적 고정관념 위협 단서 민감성을 완화하고, AI의 의인화를 촉진하는 방향으로 개발하고 개선해야 한다.

1) AI 용이성 특징

기술 불안이 높은 사람들은 AI의 용이성을 낮게 지각한다(Dönmez-Turan and Kir, 2019). 그런데 사람들의 AI에 대한 낮은 용이성 지각은 직접적으로 AI에 대한 지속 이용 의향을 낮추거나(민윤정·안재경·김소영, 2020), 간접적으로 AI에 대한 유용성 지각을 낮추어서 최종적으로 AI에 대한 지속 이용 의향을 낮춘다(Yoo, Suh, and Kim, 2020). 즉, 사람들이 AI에 대한 용이성을 낮게 지각하면, AI를 지속해서 이용하지 않으려고 한다. 따라서 사람들의 기술 불안이 높을수록, 이들의 AI에 대한 지각된 용이성이 낮아서 AI 수용이 낮아진다. 젊은 세대보다 고령자의 기술 불안이 더 높다(Czaja et al., 2006)는 점을 고려하면, 고령자는 AI에 대한 용이성을 낮게 지각해서 AI를 이용하려고 하지 않을 것이다. 특히, 고령자가 AI에 대한 용이성을 낮게 지각하면, AI 이용 상황을 고령자에 대한 부정적 고정관념 위협 단서로 인식해서 AI 이용을 거부하거나 회피하거나 연기할 가능성이 높다(Tepper, 1994; 김효정, 2021).

기술수용모형에 의하면, 일반적으로 기술 불안이 높은 고령자의 AI에 대한 지각된 용이성을 높이는 방법은 고령자가 AI를 쉽게 이용하도록 고령자의 신체적, 인지적 및 정서적 노화 특징에 맞춘 시스템(예: 인터페이스, 외관 디자인)을 개발하고 개선하는 것이다(강진희, 2018; 김효정, 2021; Kim and Choudhury, 2021). 이때 기술 불안이 높은 고령자가 AI 이용의 안전성(예: 개인정보 보호, 오류 없음)을 높게 지각하도록 고령자의 노화 특징에 맞춘 시스템을 개발하고 개선할 필요가 있다(김효정, 2021; Blut et al., 2021). 이와 같은 AI의 시스템 개발과 개선은 AI에 대한 고령자의 지각된 용이성을 높여서 고령자의 AI 이용 실패가 유발하는 고령자에 대한 부정적 고정관념 위협을 완화하는 데 기여할 것이다.

기술 불안이 높은 고령자가 지각하는 AI의 용이성을 높이는 또 다른 방법은 고령자가 AI를 쉽게 의인화하도록 시스템 특성을 개발하고 개선하는 것이다(민윤정·안재경·김소영, 2020; Blut et al., 2021). 고령자가 AI를 인간처럼 느끼고 생각한다면(의인화), 고령자는 AI에 대한 친밀감을 경험하게 된다. AI에 대한 친밀감은 고령자가 AI 이용 기술을 마음 편하게 배우도록 유도하며, AI와 자연스러운 상호작용(이용)을 촉진한다. 예를 들어서, 고령자는 패스트푸드점에서 키오스크가 아닌 친밀감을 느끼게 해주는 직원에게 음식을 주문하는 것을 편하게 생각하기 때문에 고령자는 키오스크보다 직원에게 음식을 주문하는 것을 선호한다(김효정, 2021). 따라서 고령자가 AI의 의인화를 통해서 AI에 대한 친밀감을 느끼면, 고령자의 AI에 대한 지각된 용이성도 높아질 것이다. 이때 고령자의 AI 의인화 여부와 정도는 AI 몸체 특징, AI 외모 특징 등에 따라서 달라질 수 있다.

2) AI 몸체 특징

사람들이 일상생활을 하면서 접할 수 있는 AI는 물리적 몸체(physical body)가 있는 AI(예: 인천공항의 안내 로봇인 LG 클로이)와 물리적 몸체가 없는 AI(예: 챗봇이나 음성 인식 비서 서비스의 가상 아바타)로 구분할 수 있다(Blut et al., 2021). 전자를 물리적 AI라고 하고 후자를 가상 AI라고 명명한다면, 사람들은 AI와의 상호작용 상황에서 가상 AI보다 물리적 AI를 더 선호한다(Wainer et al., 2006). 이와 같은 선호의 차이가 발생한 이유는 다음과 같다. 사회적 실재감(social presence)이란 한 개인이 본인과 상호작용을 하는 AI가 실제로 존재한다고 믿는 정도를 말한다(Blut et al., 2021). 사람들은 가상 AI보다 물리적 AI와 상호작용을 할 때, AI에 대한 사회적 실재감을 더 강하게 경험한다. 사람들이 AI에 대한 사회적 실재감을 강하게 경험할수록, AI를 의인화하기 쉬우며 AI와의 상호작용을 통해 본인의 사회성 동기를 충족할 가능성이 커진다. 따라서 사람들은 가상 AI보다 물리적 AI를 더 선호한다. 특히, 젊은 세대에 비해서 상대적으로 사회적 상호작용 기회가 적은(박영주 외, 2004) 고령자는 본인의 사회성 동기를 충족하기 위해서, 가상 AI보다 물리적 AI의 이용을 선호할 것이다.

그림 6-6_ 다양한 종류의 AI 외모 사례

| IROMEC | Paro | KASPAR | NAO | Geminoids |
| 아이로멕 | 파로 | 카스파 | 나오 | 제미노이드 |

자료: Damiano, Dumouchel and Lehmann(2015: 10)의 〈표 1〉에 제시된 사진임.

그림 6-7_ 불쾌한 골짜기

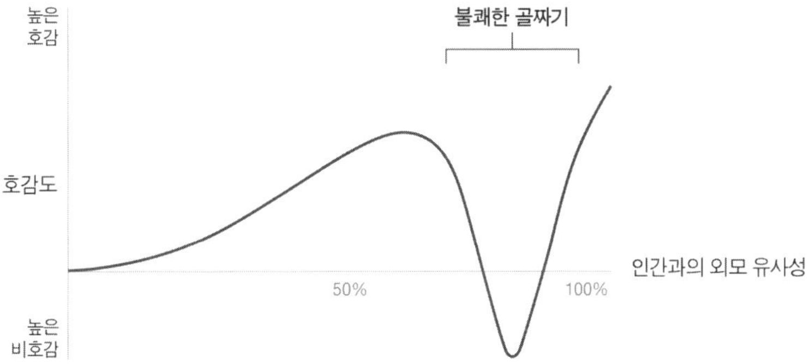

자료: Mori(2012: 99)의 〈그림 1〉 중 일부 내용을 수정해서 작성함.

3) AI 외모 특징

AI 외모는 물리적 특징(예: 눈과 입이 있음, 팔과 다리가 있음)에 따라서 크게 만화 같은 외모(cartoon-like appearance, 예: 아이로멕), 동물 같은 외모(animal-like appearance, 예: 파로), 아동 같은 외모(child-like appearance, 예: 카스파), 만화와 같은 인간형 외모(cartoon-like humanoid appearance, 예: 나오) 및 인간과 같은 외모(human-like appearance, 예: 제미노이드)로 구분할

수 있다(Damiano, Dumouchel, and Lehmann, 2015)(〈그림 6-6〉 참조). 어떤 종류의 AI 외모는 인간 외모와 유사성이 높지만(예: 카스파, 제미노이드) 어떤 종류의 AI 외모는 인간 외모와 유사성이 낮다(예: 파로). 그런데 특정 AI가 몸통, 얼굴, 2개의 팔과 2개의 다리 등을 가져서 그 외모가 인간 외모를 닮을수록, 사람들은 해당 AI를 인간처럼 인식한다(Blut et al., 2021). 따라서 사람들은 인간 외모를 닮은 AI를 인간처럼 대하게 된다.

〈그림 6-7〉에서 보는 바와 같이, AI 외모가 인간 외모를 닮아갈수록 사람들이 AI에 대해 느끼는 호감은 점진적으로 증가하다가, AI 외모와 인간 외모 간 유사성이 일정 수준에 다다르면 사람들은 AI에 대해서 호감이 아닌 불쾌감(비호감)을 느낀다. 이 수준을 넘어서서 AI 외모가 인간 외모를 닮으면, 사람들이 AI에 대해서 느끼는 호감은 다시 증가한다(Mori, 2012). 이와 같은 현상을 불쾌한 골짜기(uncanny valley)라고 부른다. 따라서 특정 AI의 외모가 인간 외모와 일정 수준으로 어느 정도 닮은 경우, 고령자는 해당 AI에 대해서 불쾌감을 경험할 가능성이 있다. 이때 고령자의 강한 정서 조절 동기화로 인해서 고령자는 불쾌감을 유발하는 해당 AI를 수용하지 않을 것으로 예상된다.

고령자와 AI의 정서 교류는 고령자의 외로움을 줄이는 데에 중요한 역할을 하는 것으로 알려졌다(김정원 외, 2020). 고령자와 AI의 정서 교류가 효과적이며 효율적으로 이루어지기 위해서, 고령자는 AI가 표현하는 정서를 정확히 파악하고 AI는 고령자의 정서 표현에 적절하게 정서적으로 대응해야 한다(Damiano, Dumouchel, and Lehmann, 2015). 그런데 고령자는 젊은 세대보다 타인의 표정에 드러난 정서를 정확하게 파악하는

데 어려움을 겪는다(Fölster, Hess, and Werheid, 2014). 따라서 고령자가 타인의 표정에 드러난 정서를 정확하게 파악하지 못해서 혼란을 경험하면, 부정 정서를 느낄 가능성이 크다. 이를 고령자의 AI 이용 상황에 적용하면, 고령자가 AI(특히, 인간형 AI)의 표정에 드러난 정서를 정확하게 파악하기 어려우면 AI에 대한 부정 정서(예: 답답함, 혼란)를 경험해서 AI를 지속적으로 사용하지 않으려고 할 것이다.

고령자와 AI(특히, 인간형 AI) 간 원활한 정서 교류를 촉진하는 방법 중하나는 AI의 얼굴을 고령자의 얼굴과 유사한 연령대로 만드는 것이다. 고령자는 본인의 연령대와 유사한 타인의 얼굴에 드러난 정서를 정확하게 파악하는 경향이 있다(Fölster, Hess, and Werheid, 2014). 또한 고령자는 본인의 연령대와 유사한 타인을 선호한다(Kozar and Damhorst, 2008). 따라서 특정 AI의 얼굴이 고령자의 연령대와 유사한 나이가 든 얼굴이면, 고령자는 해당 AI와 정서 교류를 효과적이며 효율적으로 할 수 있고, 해당 AI에 대한 긍정 정서를 경험할 가능성이 크다. AI의 얼굴 연령대뿐만 아니라 AI의 목소리 연령대도 AI 수용에 영향을 미칠 가능성이 있다. 예를 들어서, 특정 AI의 목소리가 고령자의 연령대와 유사한 나이가 든 목소리이면, 고령자가 해당 AI를 신뢰하고 실존하는 것처럼 느끼며, 해당 AI를 이용하려고 한다(Edwards et al., 2019).

사람들은 여성은 성격이 온화한 반면 남성은 자기주장이 강하고 권위적이라는 성 고정관념을 가지고 있다. 이와 같은 성 고정관념을 서비스 제공 상황에 적용하면, 서비스 이용자는 서비스 제공자로 남성보다 여성을 선호한다. 그런데 사람들은 보통 정보 안내, 교육 등의 서비스를 받기 위해서 AI를 이용한다. 서비스 제공자에 대한 성 고정관념을 고려하면, 사람들은 본인에게 서비스를 제공하는 특정 AI가 남성형이나 중성형(남성과 여성 중 성별 판단이 어려움)일 때보다 여성형일 때 해당 AI를 더 적극적으로 이용하려고 할 가능성이 크다(Blut et al., 2021). 이상의 내용은 고령자의 AI 수용에도 동일하게 적용될 수 있다. 따라서 고령자는 남성형 AI나 중성형 AI보다 여성형 AI에 대해서 긍정 정서를 경험할 것으로 예상한다. 그 결과, 정서 조절 동기가 강한 고령자는 여성형 AI를 더 적극적으로 수용할 것이다.

4) AI 성격 특징

사람들이 AI를 의인화하면, AI의 외모, 목소리의 성별 또는 연령대, 행동인 언어적 표현 방식(예: 감정 없이 말하기) 등을 통해서 AI의 성격을 추론할 수 있다(Lv et al., 2021; Blut et al., 2021). 사람들이 AI의 성격을 어떻게 추론하는가에 따라서 AI의 기능에 대한 기대와 AI의 수용 여부나 정도가 달라진다. 사람들이 추론하는 다양한 AI 성격 특징 중 온화함(warmth), 유능함(competence) 및 귀여움에 대해 소개하면 다음과 같다.

인간은 진화 과정에서 협업을 통한 생존 가능성을 높이기 위해서, 처음으로 만나는 타인을 선의를 가진 친구 또는 악의를 가진 적 중 하나로 구분하고 타인이 선의나 악의를 행동으로 옮길지를 판단할 필요가 있었다(Fiske, Cuddy, and Glick, 2006). 이때 인간은 특정 타인이 온화하고 유능하다고 지각하면 해당 타인에 대해서 우호적 감정(친구)을 느끼지만, 특정 타인이 온화하지 않고 유능하지 않다고 지각하면 해당 타인에 대해서 적대적 감정(적)을 느낀다. 이처럼 온화함과 유능함은 인간의 진화 과정에서 타인 성격 평가의 기본 특징 차원으로 발달하였다. 온화함은 타인의 현재 또는 향후 행동의 의도(선의 또는 악의) 파악과 관련된 사교성, 친절, 신뢰성 등을 포괄하는 성격 특징이며, 유능함은 타인의 실행 능력 파악과 관련된 지능, 기술, 창의성, 효율성 등을 포괄하는 성격 특징이다.

인간의 진화 과정에서 발달한 타인의 성격 평가의 기본 특징 차원인 온화함과 유능함은 사람들이 의인화된 AI의 성격을 추론할 때도 다음과 같이 적용된다(Kim, Schmitt, and Thalmann, 2019). 사람들은 정보 제공, 교육 등과 같은 실용적 목적으로 AI를 이용하기 때문에, 기본적으로 AI에 대해서 유능함을 기대한다. 이와 같은 기대는 AI를 인간처럼 생각하고 느끼지 않아도 발생한다. 즉, AI의 의인화 여부나 정도와 무관하게 사람들은 모든 AI에 대해서 유능함을 평가할 수 있다. 사람들이 AI의 유능함을 높게 평가할수록, AI에 대해 더 긍정적인 태도를 보인다. 반면 온화함은 기계가 아닌 인간만이 가질 수 있는 고유한 성격 특징이다. 따라서 온화함은 사람들이 AI를 의인화해야만 추론할 수 있는 성격 특징이다. 그런데 사람들이 AI의 온화함을 높게 평가할수록, AI에 대해 긍정적인 태도가 직선적으로 증가하지 않을 가능성이 있다. 그 이유는 AI의 온화함 평가와 AI에 대한 태도의 관계에 불쾌한 골짜기가 적용될 수 있기 때문이다. 불쾌한 골짜기는 AI 외모가 인간 외모를 닮을수록 AI에 대한 사람들의 호감이 증가하다가, AI 외모가 인간 외모와 일정 수준으로 닮으면 사람들은 AI에 대한 불쾌감을 느끼고, 그 이상으로 AI 외모가 인간 외모와 닮으면 AI에 대한 사람들의 호감이 다시 증가하는 현상이다 (Mori, 2012). 이 불쾌한 골짜기를 AI 성격 특징의 추론에도 적용할 수 있다. AI 성격이 인간 성격(온화함)과 닮을수록 AI에 대한 사람들의 긍정적 태도가 증가하다가, AI 성격이 인간 성격과 일정 수준으로 닮으면 AI에 대한 사람들의 부정적 태도가 증가하고, 그 이상으로 AI 성격이 인간 성격과 닮으면 AI에 대한 사람들의 긍정적 태도가 증가할 것으로 예상된다.

사람들이 무생물인 브랜드를 의인화해서 브랜드가 가진 인간 특징인 성격을 어떻게 평가하는지를 측정하는 한국형 브랜드 성격 척도 중 한 차원으로 귀여움이 있다(양윤·조은하, 2002). 귀여움 차원을 구성하는 문항은 '새침한', '아기자기한', '깜찍한' 및 '얌전한'이다. 그런데 서구인을 대상으로 개발된 브랜드 성격 척도(Aaker, 1997)에는 귀여움 차원이 포함되지 않는다. 이처럼 한국인은 서구인과 달리 브랜드 성격을 판단할 때 귀여움을 중요한 성격 특징으로 고려한다. 브랜드와 AI는 모두 인간이 아닌 대상이며 의인화가 가능하다는 점을 고려하면(Fournier, 1998; Blut et al., 2021), 브랜드 성격 중 한 차원인 귀여움은 AI 성격 특징으로도 간주할 수 있다. 사람들이 특정 AI를 귀엽게 평가하면 해당 AI를 마치 귀여운 아기처럼 보호하고 돌봐줘야 할 대상으로 인식해서, AI의 유능함에 대한 기대를 낮추고 AI의 실수에 대해서 관대해진다(Lv et al., 2021).

사람들이 특정 AI에 대해서 온화함과 귀여움을 지각하면, 사람들은 해당 AI에 대해서 긍정 정서를 느낀다(Aaker, Stayman, and Hagerty, 1986;

Sanefuji, Ohgami, and Hashiya, 2007). 긍정 정서 경험을 추구하는 (Carstensen, 1995) 고령자가 AI와 상호작용을 하면서 AI의 성격을 온화하고 귀엽게 추론할수록, AI에 대한 긍정적 태도를 보이며 AI를 이용하려고 할 것으로 기대된다. 따라서 고령자의 AI 수용을 촉진하기 위해서, 고령자가 AI의 성격을 온화하고 귀엽게 인식하도록 AI의 외모, 목소리의 성별 또는 연령대, 행동 등을 개발하고 개선할 필요가 있다.

5) AI 역할 특징

AI는 이용자에게 정보 제공, 교육 등의 다양한 서비스를 제공한다. 이 과정에서 AI는 이용자에게 조력자, 동료, 친구 및 가족의 역할을 할 수 있다(Pradhan, Findlater, and Lazar, 2019). 그런데 사람들이 특정 AI가 조력자 역할을 하는 것으로 인식하면, 해당 AI와의 상호작용에 만족한다. 반면 특정 AI의 동료, 친구 및 가족 역할 인식은 해당 AI와의 상호작용에 대한 만족에 영향을 미치지 않는다(Jang, 2020). 이와 같은 결과가 발생한 이유는 많은 사람들이 일반적으로 AI 이용을 통해 정서적 측면의 교류보다 인지적 측면의 지원(예: 정보 제공)을 기대하기 때문일 수 있다. 그러나 젊은 세대에 비해서 외로움을 더 많이 경험하는(송준아 외, 2007) 고령자는 AI의 이용을 통한 정서 교류를 기대하고 AI와 상호작용하면서 AI로부터 정서적 지지를 받고자 할 것이다. 왜냐하면 고령자는 부정 정서 상태(외로움)를 지양하는 정서 조절 동기가 강하지만, 신체적 이유, 경제적 이유, 사회적 이유 등으로 본인의 강한 정서 조절 동기를 행동으로 옮길 방법(예: 지인과의 만남)이 제한적인데(박영주 외, 2004) 이때 AI와의 상호작용이 부정 정서 상태를 피할 수 있는 한 대안이 될 수 있기 때문이다. 따라서 고령자는 AI가 동료, 친구 및 가족의 역할을 해주기를 바라며, 이와 같은 역할을 하는 AI를 적극적으로 이용하려고 할 것이다.

4. 맺음말

본 장의 저자가 다양한 문헌을 검색한 결과, 고령자의 정서 관련 특징이 AI 수용에 어떤 또는 어떻게 영향을 미치는지를 실증적으로 검증하거나 개념적으로 제안한 연구를 찾기 어려웠다. 이에 본 장에서 제한된 문헌고찰을 기반으로 고령자의 정서 관련 특징과 AI 수용 간 관계를 제안하였다. 그런데 본 장에서 소개한 고령자의 정서 관련 특징 이외에 다른 중요 특징이 있을 수 있고, 그 특징과 관련된 다양한 AI 특징이 있을 수 있다. 이 점을 고려하면, 본 장의 목적은 아직까지 국내·외 연구가 미진한 고령자의 AI 수용에 영향을 미칠 수 있는 정서 관련 특징에 관한 다양한 연구 주제 도출의 통찰 소재를 제공하는 것으로 제한된다. 본 장의 저자는 이와 같은 목적이 달성되기를 바라면서 본 장을 마무리하고 한다.

참고문헌

강진희. 2018. 「외식기업의 무인주문결제시스템에 대한 소비자 수용의도 연구」. ≪관광연구저널≫, 32(1), 153~168쪽.

김남진·강정석. 2021 「고령자의 인지연령 지각, 남은 생애 지각 및 현재 정서 상태가 유튜브 뉴스 콘텐츠의 선택적 시청에 미치는 영향」. ≪사회과학연구≫, 1~29쪽

김민희·민경환. 2004. 「노년기 정서경험과 정서조절의 특징」. ≪한국심리학회지: 일반≫, 23(2), 1~21쪽.

김정원·송유진·성용준·최세정. 2020. 「아리아 고마워!: 노인 사용자의 AI 스피커에 대한 기능적, 정서적 평가」. ≪미디어 경제와 문화≫, 18(4), 7~35쪽.

김혜숙. 1999. 「집단범주에 대한 고정관념, 감정과 편견」. ≪한국심리학회지: 사회 및 성격≫, 13(1), 1~33쪽.

김효정. 2021. 「키오스크 서비스 실패: 시니어들의 부정적인 키오스크 이용 경험을 중심으로」. ≪소비자학연구≫, 32(4), 135~158쪽.

남미경·방희정. 2018. 「노인의 정서 정보에 대한 선택적 주의와 기억 인출의 긍정성 효과」. ≪한국심리학회지: 발달≫, 31(4), 99~122쪽.

노승현. 2012. 「고령장애인의 취업 및 취업형태 결정요인에 관한 종단적 연구」. ≪장애와 고용≫, 22(3), 51~82쪽.

민윤정·안재경·김소영. 2020. 「기술수용모형을 적용한 학습용 챗봇 사용의도와 영향요인 간 구조적 관계 분석」. ≪교육정보미디어연구≫, 26(4), 799~825쪽.

박선숙. 2018. 「노인의 삶의 만족도 결정요인에 관한 연구: 의사결정트리모형을 이용하여」. ≪사회과학연구≫, 29(3), 39~57쪽.

박영주·정혜경·안옥희·신행우. 2004. 「노인의 외로움과 건강행위 및 자아존중감의 관계」. ≪노인간호학회지≫, 6(1), 91~98쪽.

박준범·남궁미. 2019. 「고령 보행자 교통사고에 영향을 미치는 환경요인에 관한 연구: 부산광역시를 중심으로」. ≪한국지리학회지≫, 8(2), 289~303쪽.

박하연·강정석. 2015. 「건강 위험 지각과 흡연자의 부정적 이미지가 흡연 관련 죄책감에 미치는 영향」. ≪감성과학≫, 18(4), 99~108쪽.

박혜경·김상아. 2018. 「한국인의 문화성향에 관한 메타분석: 집단주의와 개인주의를 중심으로」. ≪지역과 세계≫, 42(3), 5~37쪽.

성영신·강정석. 2015. 「간섭권한과 패션감각이 남자친구의 패션스타일 통제에 미치는 영향」. ≪감성과학≫, 18(4), 109~118쪽.

송유진·김정원·최세정·성용준. 2021. 「고령자의 인공지능 스피커 만족도와 지속사

용 의도에 미치는 영향 요인」. ≪방송통신연구≫, 9-37쪽.

송준아·장성옥·임여진·이숙자·김순용·설근희. 2007. 「노인 외로움이 영향요인 분석」. ≪기본간호학회지≫, 14(3), 371~381쪽.

안미소·김혜리. 2018. 「남은 시간 인식이 회상기억에 미치는 영향: 한국인에서의 사회정서적 선택이론 증거」. ≪한국노년학≫, 38(1), 83~102쪽.

양윤·조은하. 2002. 「한국형 브랜드 성격 척도 개발과 타당화에 관한 연구」. ≪한국심리학회지: 소비자·광고≫, 3(2), 25~53쪽.

유재현·박철. 2010. 「기술수용모델(Technology Acceptance Model) 연구에 대한 종합적 고찰」. *Entrue Journal of Information Technology*, 9(2), 31~50쪽.

전성진·강정석. 2019. 「대학생의 취업스트레스, 청년 집단 소속감, 일반적 자기효능감 및 노인에 대한 태도의 관계: 탐색적 연구」. ≪예술인문사회 융합 멀티미디어 논문지≫, 9(11), 1059~1070쪽.

정원준·이나라. 2018. 「인공지능 활성화를 위한 주요국의 대응전략과 정책 제언」. ≪주간기술동향≫, 1870, 2~16쪽.

정주원·조소연. 2013. 「주관적 노후인식이 60대 중고령자의 우울에 미치는 영향 연구」. ≪보건사회연구≫, 33(4), 155~184쪽.

최은영·조성은·오영삼·장희수·김영선. 2017. 「노년기 주관적 연령과 건강노화와의 관계: 연령집단별 분석」. ≪보건사회연구≫, 37(1), 181~215쪽.

최지혜·이선희. 2017. 「음성 인식 AI 비서 시장의 현황과 시사점」. ≪방송통신정책≫, 29(9), 1~37쪽.

추형석. 2018. 『인공지능, 어디까지 왔나?』. 경기도 성남시: 소프트웨어정책연구소.

Aaker, J. L. 1997. "Dimensions of brand personality." *Journal of Marketing Research*, 34(3), pp. 347~356.

Aaker, D. A., D. M. Stayman, and M. R. Hagerty, 1986. "Warmth in advertising: Measurement, impact, and sequence effects." *Journal of Consumer Research*, 12(4), pp. 365~381.

Aggarwal, P. and A. L. McGill, 2007. "Is that car smiling at me? Schema congruity as a basis for evaluating anthropomorphized products." *Journal of Consumer Research*, 34(4), pp. 468~479.

APA Dictionary of Psychology. n.d. Citation. In *dictionary.apa.org*. Retrieved September 1, 2021, from https://dictionary.apa.org/mental-representation.

Blut, M., C. Wang, N. V. Wünderlich, and C. Brock. 2021. "Understanding anthropomorphism in service provision: A meta-analysis of physical robots, chatbots, and other AI." *Journal of the Academy of Marketing Science*, 49, pp. 632~658.

Carstensen, L. L. 1992. "Social and emotional patterns in adulthood: Support for socioemotional selectivity theory." *Psychology and Aging*, 7(3), pp. 331~338.

_____. 1995. "Evidence for a life-span theory of socioemotional selectivity." *Current Directions in Psychological Science*, 4(5), pp. 151~156.

Carstensen, L. L., H. H. Fung, and S. T. Charles. 2003. "Socioemotional selectivity theory and the regulation of emotion in the second half of life." *Motivation and Emotion*, 27(2), pp. 103~123.

Carstensen, L. L., D. M. Isaacowitz, and S. T. Charles. 1999. "Taking time seriously: A theory of socioemotional selectivity." *American Psychologist*, 54(3), pp. 165~181.

Chan, W., R. R. McCrae, F. De Fruyt, L. Jussim, C. E. Lockenhoff, M. De Bolle, ... and A. Terracciano, 2012. "Stereotypes of age differences in personality traits: Universal and accurate?" *Journal of Personality and Social Psychology*, 103(6), pp. 1050~1066.

Chaney, K. E., D. T. Sanchez, and M. R. Maimon. 2019. "Stigmatized-identity cues in consumer spaces." *Journal of Consumer Psychology*, 29(1), pp. 130~141.

Charles, S. T. and L. L. Carstensen, 1999. "The role of time in the setting of social goals across the life span." In T. Hess and F. Blanchard-Fields(eds.). *Social cognition and aging*. Cambridge, MA: Academic Press, pp. 319~342.

Czaja, S. J., N. Charness, A. D. Fisk, C. Hertzog, S. N. Nair, W. A. Rogers, and J. Sharit. 2006. "Factors predicting the use of technology: Findings from the Center for Research and Education on Aging and Technology Enhancement(CREATE)." *Psychology and Aging*, 21(2), pp. 333~352.

Damiano, L., P. Dumouchel, and H. Lehmann. 2015. "Towards human-robot affective co-evolution overcoming oppositions in constructing emotions and empathy." *International Journal of Social Robotics*, 7(1), pp. 7~18.

Dönmez-Turan, A. and M. Kir. 2019. "User anxiety as an external variable of technology acceptance model: A meta-analytic study." *Procedia Computer*

Science, 158, pp. 715~724.

Edwards, C., A. Edwards, B. Stoll, X. Lin, and N. Massey. 2019. "Evaluations of an artificial intelligence instructor's voice: Social identity theory in human-robot interactions." *Computers in Human Behavior*, 90, pp. 357~362.

Epley, N., A. Waytz, and J. T. Cacioppo. 2007. "On seeing human: A three-factor theory of anthropomorphism." *Psychological Review*, 114(4), pp. 864~886.

Fiske, S. T., A. J. Cuddy, and P. Glick. 2007. "Universal dimensions of social cognition: Warmth and competence." *Trends in Cognitive Sciences*, 11(2), pp. 77~83.

Fölster, M., U. Hess, and K. Werheid. 2014. "Facial age affects emotional expression decoding." *Frontiers in Psychology*, 5(30), pp. 1~13.

Fournier, S. 1998. "Consumers and their brands: Developing relationship theory in consumer research." *Journal of Consumer Research*, 24(4), pp. 343~373.

Higgins, E. T. 1997. "Beyond pleasure and pain." *American Psychologist*, 52(12), pp. 1280~1300.

Isaacowitz, D. M., K. Toner, D. Goren, and H. R. Wilson. 2008. "Looking while unhappy: Mood-congruent gaze in young adults, positive gaze in older adults." *Psychological Science*, 19(9), pp. 848~853.

Isaacowitz, D. M., H. A. Wadlinger, D. Goren, and H. R. Wilson. 2006. "Is there an age-related positivity effect in visual attention? A comparison of two methodologies." *Emotion*, 6(3), pp. 511~516.

Ivan, L. and I. Schiau. 2016. "Experiencing computer anxiety later in life: The role of stereotype threat." Paper presented at *the second international conference on human aspects of IT for the aged population*. Toronto, Canada.

Jang, Y. 2020. "Exploring user interaction and satisfaction with virtual personal assistant usage through smart speakers." *Archives of Design Research*, 33(3), pp. 127~135.

Kamal, S. A., M. Shafiq, and P. Kakria. 2020. "Investigating acceptance of telemedicine services through an extended technology acceptance model (TAM)." *Technology in Society*, 60, pp. 1~10.

Kamide, H., K. Kawabe, S. Shigemi, and T. Arai. 2013. "Development of a psychological scale for general impressions of humanoid." *Advanced Robotics*,

27(1), pp. 3~17.

Kellough, J. L. and B. G. Knight. 2012. "Positivity effects in older adults' perception of facial emotion: The role of future time perspective." *Journals of Gerontology Series B: Psychological Sciences and Social Sciences*, 67(2), pp. 150~158.

Keyes, B. G. and G. J. Westerhof, 2012. "Chronological and subjective age differences in flourishing mental health and major depressive episode." *Aging and Mental Health*, 16(1), pp. 67~74.

Kim, S. and A. Choudhury, 2021. "Exploring older adults' perception and use of smart speaker-based voice assistants: A longitudinal study." *Computers in Human Behavior*, 124, pp. 1~11.

Kim, S. Y., B. H. Schmitt, and N. M. Thalmann. 2019. "Eliza in the uncanny valley: Anthropomorphizing consumer robots increases their perceived warmth but decreases liking." *Marketing Letters*, 30(1), pp. 1~12.

Knight, B. G., M. L. Maines, and G. S. Robinson. 2002. "The effects of sad mood on memory in older adults: A test of the mood congruence effect." *Psychology and Aging*, 17(4), pp. 653~661.

Kok, J. N., E. J. Boers, W. A. Kosters, P. Van der Putten, and M. Poel, 2009. "Artificial intelligence: Definition, trends, techniques, and cases." *Artificial Intelligence*, 1, pp. 270~299.

Kozar, J. M. and M. L. Damhorst. 2008. "Older women's responses to current fashion models." *Journal of Fashion Marketing and Management*, 12(3), pp. 338~350.

Letheren, K., K. A. L. Kuhn, I. Lings, and N. K. L. Pope. 2016. "Individual difference factors related to anthropomorphic tendency." *European Journal of Marketing*, 50(5), pp. 973~1002.

Li, S., F. Yu, and K. Peng. 2020. "Effect of state loneliness on robot anthropomorphism: Potential edge of social robots compared to common non-humans." Paper presented at *second international conference on artificial intelligence and computer science*, Hangzhou, China.

Lockenhoff, C. E. and L. L. Carstensen, 2007. "Aging, emotion, and health-related decision strategies: Motivational manipulations can reduce age differences." *Psychology and Aging*, 22(1), pp. 134~146.

Lv, X., Y. Liu, J. Luo, Y. Liu, and C. Li. 2021. "Does a cute artificial intelligence assistant soften the blow? The impact of cuteness on customer tolerance of assistant service failure." *Annals of Tourism Research*, 87, 103114.

Mori, M. 2012. "The uncanny valley." *IEEE Robotics and Automation Magazine*, 19(2), pp. 98~100.

Murphy, N. A. and D. M. Isaacowitz, 2008. "Preferences for emotional information in older and younger adults: A meta-analysis of memory and attention tasks." *Psychology and Aging*, 23(2), pp. 263~286.

Oyserman, D., H. M. Coon, and M. Kemmelmeier. 2002. "Rethinking individualism and collectivism: Evaluation of theoretical assumptions and meta-analyses." *Psychological Bulletin*, 128(1), pp. 3~72.

Pescosolido, B. A. and J. K. Martin. 2015. "The stigma complex." *Annual Review of Sociology*, 41, pp. 87~116.

Pradhan, A., L. Findlater, and A. Lazar. 2019. "'Phantom friend' or 'just a box with information' personification and ontological categorization of smart speaker-based voice assistants by older adults." *Proceedings of the ACM on Human-Computer Interaction, USA*, 3, pp. 1~21.

Reed, A. E., L. Chan, and J. A. Mikels. 2014. "Meta-analysis of the age-related positivity effect: Age differences in preferences for positive over negative information." *Psychology and Aging*, 29(1), pp. 1~15.

Sanchez, D. T., K. E. Chaney, and M. R. Maimon. 2019. "Stigmatized-identity cues and consumer applications revisited." *Journal of Consumer Psychology*, 29(1), pp. 160~164.

Sanefuji, W., H. Ohgami, and K. Hashiya. 2007. "Development of preference for baby faces across species in humans (Homo sapiens)." *Journal of Ethology*, 25(3), pp. 249~254.

Sirgy, M. J. 1982. "Self-concept in consumer behavior: A critical review." *Journal of Consumer Research*, 9(3), pp. 287~300.

Tepper, K. 1994. "The role of labeling processes in elderly consumers' responses to age segmentation cues." *Journal of Consumer Research*, 20(4), pp. 503~519.

Venkatesh, V., J. Y. Thong, and X. Xu. 2012. "Consumer acceptance and use of information technology: Extending the unified theory of acceptance and use of technology." *MIS Quarterly*, 36(1), pp. 157~178.

Wainer, J., D. J. Feil-Seifer, D. A. Shell, and M. J. Mataric. 2006. "The role of physical embodiment in human-robot interaction." Proceedings of the *15th IEEE international symposium on robot and human interactive communication, UK*, pp. 117~122.

Wang, P. 2019. "On defining artificial intelligence." *Journal of Artificial General Intelligence*, 10(2), pp. 1~37.

Yang, L. W., P. Aggarwal, and A. L. McGill. 2019. "The 3 C's of anthropomorphism: Connection, comprehension, and competition." *Consumer Psychology Review*, 3(1), pp. 3~19.

Yoo, H. S., E. K. Suh, and T. H. Kim. 2020. "A study on technology acceptance of elderly living alone in smart city environment: Based on AI speaker." *Journal of Industrial Distribution and Business*, 11(2), pp. 41~48.

Yoon, C., C. A. Cole, and M. P. Lee, 2009. "Consumer decision making and aging: Current knowledge and future directions." *Journal of Consumer Psychology*, 19(1), pp. 2~16.

Yun, R. J. and M. E. Lachman, 2006. "Perceptions of aging in two cultures: Korean and American views on old age." *Journal of Cross-Cultural Gerontology*, 21(1), pp. 55~70.

Zhang, P. 2013. "The affective response model: A theoretical framework of affective concepts and their relationships in the ICT context." *MIS Quarterly*, 37(1), pp. 247~274.

7장

인공지능과 광고

AI 광고 사례

박종구(한국방송광고진흥공사 미디어광고연구소 연구위원)

1. AI의 여름(AI Summer)? 인공지능에 대한 열기

4차 산업혁명 핵심 기술이라 불리는 인공지능(AI, Artificial Intelligence)이 사회가 우상향하는 디딤돌이 될지, 아니면 기술 거품의 또 다른 사례에 멈출 것인지 의견이 분분하다. 한 걸음 더 나아가 인공지능이 기술적·사회적·경제적 차원에서 구체적으로 어떤 기회와 위험을 가져올 것인지에 대한 생각 또한 다양하다(Bootle, 2019; Marcus and Davis, 2019; Standford University, 2021). 한편, 국가적 차원에서 인공지능은 사회 구조에 광범위한 변화를 불러오는 혁신기술로 국민 삶의 질과 국가 경쟁력 강화를 이끌 핵심 동력으로 주목받고 있다. 세계 주요국들은 4차 산업혁명에 성공적으로 대응하고 인공지능 기술과 산업 주도권을 확보하기

그림 7-1_ 인공지능 국가전략

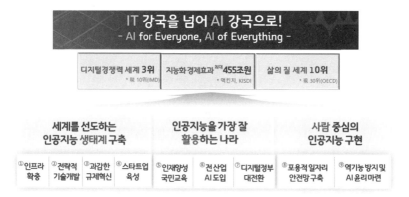

자료: 관계 부처 합동(2019.12.17).

위한 국가전략을 이미 수립해서 추진하고 있다(정책위키).

우리나라 정부도 이러한 시대적 흐름에 뒤처지지 않기 위해, 'IT강국을 넘어, AI강국으로'라는 비전하에 범정부 차원에서 2019년 12월 '인공지능(AI) 국가전략'을 발표했다. 그리고 국가 경쟁력 확보 차원에서 인공지능 기술개발과 산업별 융합 촉진을 위한 중장기 전략 수립과 법제정비 방안을 모색하고 있다(과학기술정보통신부, 2021; 2021.1.20; 관계 부처 합동, 2019.12.17; 김경훈 외, 2021; 윤지영 외, 2021). 인공지능 시대에 적응하기 위한 국가차원의 노력은 산업적 차원뿐만 아니라 교육의 방향에도 영향을 주고 있다. 교육부는 인공지능 시대에 대응하고 미래교육으로의 대전환을 준비하기 위해 초·중·고 학생들이 배우는 교육과정 개정을 준비하고 있다(교육부, 2021.4.20).

인공지능 관련 기술은 새로운 기술에 대한 기대치를 보여주는 가트너의 '하이프 사이클(Hype Cycle)'에서도 지배적인 위치를 차지하고 있다 (Gartner, 2018.8.20; 2020.9.28). 가트너는 '책임감 있는 인공지능(respoins-ible AI)'을 포함해 2021년 인공지능의 네 가지 트렌드를 제시했다. 책임 감 있는 인공지능이란 인공지능 개발 주체가 인공지능을 운영하는 과정 에서 사회적 편견과 같은 윤리적인 문제가 발생하지 않는지 점검하고, 공정하고 투명한 인공지능 시스템을 개발해서 제공해야 한다는 것을 의 미한다(Gartner, 2021.9.22).[1] 공정성과 투명성이 강조되는 인공지능의 책 임성은 인공지능의 사회적 수용을 위해 반드시 풀어야 할 숙제이다 (Crawford, 2021). 우리나라 정부는 이보다 앞서 2020년 12월 인공지능 시 대 바람직한 인공지능 개발·활용 방향을 제시하기 위한 사람이 중심이 되는 '인공지능 윤리 기준'을 마련했다(관계 부처 합동, 2020.12.23).

2. 인공지능의 진화. 감성 인공지능

1) 인공지능 개요

현재 인공지능에 대한 합의된 정의는 존재하지 않는데, 가장 큰 이유

---

1   가트너는 주기적으로 인공지능을 포함한 새로운 기술에 대한 기대치를 보여주는 '하이 프 사이클' 그래프를 발표한다. 2021년 발표된 '인공지능 하이프 사이클'은 아래 자료를 참고. Gartner, "The 4 trends that prevail on the Gartner Hype Cycle for AI"(2021. 9.22). www.gartner.com/en/articles/the-4-trends-that-prevail-on-the-gartner-hype-cycle-for-ai-2021

는 '지능(intelligence)' 자체에 대한 정의 자체가 너무 폭넓기 때문으로, 그 결과 인공지능에 대한 정의 또한 다양하다(AGISI; De Bruyn et al., 2020). 우리나라 인공지능 국가전략은 인공지능을 "인간의 지적 능력을 컴퓨터로 구현하는 과학기술로 상황을 인지하고 이성적·논리적으로 판단·행동하며, 감성적·창의적인 기능을 수행하는 능력까지 포함한다"고 정의하고 있다.

기계학습(machine learning)과 딥러닝(deep learning)을 포함하는 포괄적 개념인 인공지능은 규칙에 기반한 알고리즘으로 사람이 정의한 규칙들에 따라서 동작한다. 규칙 기반 인공지능(rule-based AI)은 지식과 규칙을 제공하기 위해 인간으로부터 많은 노동력을 요구하고, 이미 주어진 규칙 밖의 상황에서는 적절하게 대응하지 못한다는 한계를 갖는다. 이와 달리 기계학습은 인간이 아닌 데이터를 학습해서 의사결정 규칙을 만들어낸다. 따라서 학습 데이터만 충분히 주어진다면 인간이 제공한 규칙보다도 더 정교하고 신뢰할 만한 모델링이 가능하다.

기계학습이 진화된 딥러닝은 깊은 신경망(deep neural network) 모델에 기반을 두는 기계학습이다. 딥러닝은 기계학습 모델보다 훨씬 복잡한 구조와 방대한 수의 인자들을 통해 기존 기계학습 모델보다 더 나은 예측력을 제공한다. 한편 진화된 인공지능인 딥러닝이 해결해야 하는 과제도 있다. 대표적인 것이 XAI(Explainable AI)라고 칭해지는 '설명 가능성' 문제이다. 깊은 신경망으로 구성된 복잡한 모델 구조 때문에, 인간은 딥러닝이 제시하는 결과가 어떤 과정을 통해 산출되었는지 이해하기 어렵다. 이러한 특징 때문에 딥러닝은 내부 과정을 들여다볼 수 없는 투

그림 7-2_ 인공지능 개념: 머신러닝과 딥러닝의 차이

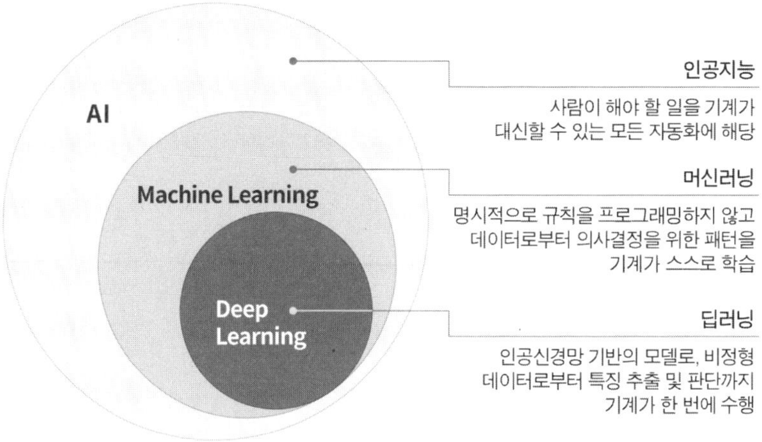

AI

Machine Learning

Deep Learning

인공지능
사람이 해야 할 일을 기계가
대신할 수 있는 모든 자동화에 해당

머신러닝
명시적으로 규칙을 프로그래밍하지 않고
데이터로부터 의사결정을 위한 패턴을
기계가 스스로 학습

딥러닝
인공신경망 기반의 모델로, 비정형
데이터로부터 특징 추출 및 판단까지
기계가 한 번에 수행

자료: LG CNS 블로그.

명하지 않은 '블랙박스' 모델이라고 불린다(곽수하, 2019.2.28; 한국데이터산

업진흥원, 2020; Domingos, 2015; Lawtomated, 2019.4.28; Prasad and Choudhary,

2021; Microsoft, 2021.4.12).

2) 감성 인공지능

감성 컴퓨팅(affective computing)이란 얼굴 표정, 몸짓, 말투 등 인간의

감정과 관련된 감정 단서들이 담긴 다양한 정형 및 비정형 형태의 데이

터를 실시간으로 탐지, 처리 및 분석하는 기술을 말한다(김상식, 2018;

Kaur and Sharma, 2021; Market and Market, 2021; MIT Media Lab, n.d.; Picard,

1997). 감성 인공지능(Emotion AI)은 감성 컴퓨팅과 결합된 인공지능으로

사람처럼 인간의 감정을 파악하고 이를 시뮬레이션 해서 반응하는 인공지능을 말한다. 감성 인공지능에 대한 사회적 확산이 이루어지기 위해서는 인간의 감정을 탐지할 뿐만 아니라, 파악된 감정에 맞추어 적절하게 대응하는 능력 또한 필요하다(김선희, 2020: 4~5; Krakovsky, 2018; Schuller and Schuller, 2018).

3. 인공지능과 광고

1) 인공지능 시대 광고산업 이슈

소비자의 관심이 희소한 자원이 되어버린 주목의 경제(attention economy) 시대다. 소비자는 자신과 관련 없는 광고에는 눈길을 주지 않는다. 자신과 관련 없는 광고는 '쓰레기(spam)'지만, 나와 관련성 있는 광고는 '정보'가 된다. 소비자가 필요로 하는 맞춤화된 광고가 필요한 이유이다(박종구, 2021). 엑센츄어 조사에 따르면, 91%의 소비자가 자신의 소비 행동과 선호를 이해하고 적절한 추천을 제공해 주는 브랜드를 선호한다(Accenture, 2018; 2020; DataRobot, 2021). 자신의 필요에 부합하는 광고 메시지를 요구하는 소비자를 이해하고 고객 전환율을 높이기 위해서는 인지도 제고, 설득, 전환 등 소비자 구매 여정의 모든 단계에서 소비자를 제대로 이해하고 타깃 소비자에게 정확한 시점에 적합한 방법으로 광고 메시지를 전달하는 것이 필요하다(Sterne, 2017; Shah et al., 2020).

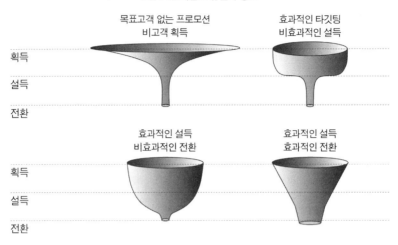

그림 7-3_ 세일즈 퓨널과 광고

목표고객 없는 프로모션
비고객 획득

효과적인 타깃팅
비효과적인 설득

획득

설득

전환

효과적인 설득
비효과적인 전환

효과적인 설득
효과적인 전환

획득

설득

전환

자료: Sterne(2017: 165).

    미디어 파편화로 인한 미디어 플래닝의 복잡화, 광고 효과 입증에 대한 높아지는 압력, 기업의 사회적 책임에 대한 요구 증가 등 광고 집행 환경이 크게 변했다. 구체적으로 소비자와의 접점이 파편화된 환경에서 다양한 채널을 통해 캠페인을 집행하는 경우, 수십 개, 아니 수백 개의 소비자 접점에서 수집한 데이터에 복잡한 모델을 적용해서 캠페인 전략을 수립하고 광고 집행의 효과를 파악해야 한다. 이 과정에서 인공지능은 사람이 하는 분석과는 비교할 수 없을 정도로 탁월하다. 광고산업에서 인공지능의 활용 영역은 소비자 인사이트 발굴, 고객 세분화, 맞춤화된 서비스를 제공하기 위한 예측 모델링과 프로세스 자동화에 이르기까지 빠르게 확장되고 있으며, 광고의 지능화를 이끌 수 있는 수단으로 주목받고 있다(Salesforce, 2021; 2021.6.20; Taylor and Carlson, 2021).

2) 광고의 진화. AI광고 연구

광고계는 소비자에 대한 인사이트 발굴, 광고 제작, 미디어 플래닝, 광고 영향 평가 등에서 인공지능을 활용하는 방안을 모색하고 있다. 광고학 분야의 대표적인 국제학술지인 ≪광고저널(*Journal of Advertising*)≫은 2019년 9월 '인공지능과 광고(Artificial Intelligence and Advertising)'라는 주제의 특집호에서 지능형 광고(intelligent advertising)를 "소비자와 데이터 중심의 알고리즘 매개 브랜드 커뮤니케이션으로 정의"하고(Li, 2019: 333), '인공지능이 광고에 미치는 영향'(Qin and Jiang, 2019), '창의적인 미디어 플래닝을 위한 인공지능 활용 방안'(Chen et al., 2019), '개인화 광고 콘텐츠 제작을 위한 인공지능 활용 방안'(Deng et al., 2019) 등을 다룬 기획 논문을 실었다. 인공지능과 광고에 대한 학계의 논의는 지속되고 있으며, 그 과정에서 "(소비자를) 설득하려는 의도로 인간과 기계로부터 제공되는 데이터를 학습하는 다양한 인공지능의 기능을 사용하는 브랜드 커뮤니케이션"으로 정의되는 '인공지능 광고(AI advertising)'라는 개념이 제시되었다(Rodgers, 2021: 2).

한편, 차영란(2018)은 정치, 경제, 사회, 기술 차원에서 인공지능 시장의 거시적인 방향을 살펴보고 SWOT 분석을 통해 광고산업 등에서 인공지능의 활용 가능성을 모색했다. 이 연구는 바람직한 인공지능 광고가 도입·활성화되기 위해서는 국가 차원의 인공지능 인프라 구축과 사회적 리스크를 극복하기 위한 환경 조성이 필요하다고 제언했다. 이와 더불어 학계와 산업계 차원에서는 인공지능이 광고산업에 미치는 영향

표 7-1_ 미디어·광고산업 인공지능 PEST-SWOT 분석

SWOT		SWOT 요인			
PEST		강점(S)	약점(W)	기회(O)	위협(T)
PEST 요인	정치적 (P)	· 정부 육성 의지 (인공지능 국가전략)	· 검증되지 않은 신뢰성 · 사이버 테러 위협	· 정부 관심 증대	· 일자리 대체 논쟁
	경제적 (E)	· 높은 노동생산성 비용·시간 절감	· 높은 AI 초기 개발 비용	· 소자본 창업 가능	· 저임금 노동자 대체 가능성
	사회적 (S)	· 다양한 인간 욕구 충족	· AI 거부감 · 개발 인력 부족	· 도입 사례 등장	· 프라이버시 이슈 · 사회적 문제 유발 가능성
	기술적 (T)	· 이용 가능한 축적된 데이터 · 알고리즘 진화로 객관성 구현	· 알고리즘 대체로 인한 인간 창의성 상실	· 새로운 기술 등장	· AI 기술에 대한 거부감

자료: 차영란(2018: 112)에서 수정 보완.

에 대한 진단을 바탕으로 인공지능의 쓸모를 함께 찾아보는 노력이 요구된다.

3) 소비자 여정과 AI광고

소비자 구매 여정(Customer Decision Journey: CDJ)이라고도 불리는 소비자 구매 결정 과정은 필요/욕구 인지를 시작으로 초기 고려, 적극적인 평가, 구매 및 구매 후 행동의 과정을 거친다(Court et al., 2009). 변화된 소비자 환경에서 광고 목표를 효과적으로 달성하기 위해 소비자 여정의

모든 단계에서 인공지능이 활용되고 있다(Kietzmann, Paschen, and Treen, 2018).

먼저 소비자 필요/욕구 발견 단계에서는 인공지능이 도입되기 전에도 광고주들은 시장조사나 웹 분석, 데이터 마이닝을 통해 고객의 니즈를 이해하기 위한 정보를 구축해 왔다. 그러나 인공지능의 도입으로 파편화된 미디어 환경에서 소비자가 남긴 디지털 흔적들을 종합적으로 수집·분석해서 떠오르는 소비자 니즈와 욕구를 파악할 수 있게 되었다. 미디어 기업인 아스트로(www.astroawani.com)는 마이크로소프트의 인공지능 애저(Azure) 시스템을 활용해 수십억 개의 데이터 포인트를 몇 초 안에 정리해서 이용자의 선호를 파악하고, 아스트로의 플랫폼에 있는 웹 콘텐츠를 실시간으로 개인화해 소비자에게 제공했다(Microsoft, 2017.11.28).

초기 고려단계에서 소비자는 자신의 니즈를 충족시킬 수 있는 대안들을 수집해 검토한다. 이 단계에서 광고의 목표는 자사 브랜드가 선택 대안에 포함되도록 하는 것이다. 이 단계에서 광고주는 인공지능을 활용해 특정 시점에 소비자의 정보 요구를 충족시킬 가능성이 가장 높은 광고 메시지를 파악해서 제시할 수 있다. 고객서비스 소프트웨어 회사인 젠데스크(www.zendesk.com)는 인공지능을 사용해 고객이 필요로 하는 정보를 심층적으로 파악해서 가장 적합한 광고 메시지를 전달했다.

소비자들이 선택 대안을 적극적으로 평가하는 단계에서 광고 목표는 구매 가능성이 높은 소비자를 파악해 신뢰할 수 있고 설득력 있는 광고 메시지를 전달하는 것이다. 이 단계에서 인공지능은 구매 가능성 점수화, 광고 메시지 개인화, 감성 인공지능을 통해 목표 달성의 가능성을 높인다. 인공지능은 실시간으로 소비자 행동을 파악해 개인화된 광고 메시지를 전달할 수 있다. 영국에 본사를 둔 온라인 패션 소매업체 ASOS(www.asos.com)는 인공지능을 활용해 자사 웹사이트를 방문한 소비자와 판매 상품 간의 적합성을 실시간으로 파악해서 구매 가능성을 점수화하고 개인화된 제품 추천을 실시간으로 제공한다(Microsoft, 2019.5.3).

구매 단계에서 광고주는 경쟁사보다 뛰어난 자사 제품의 가치를 강조함으로써 소비자가 제품을 구매하도록 만드는 것을 광고 목표로 삼는다. 이 과정에서 인공지능은 구매 과정을 지능화하고 동적인 가격 설정 등을 가능하게 해준다. 동적인 가격 설정이란 소비자 행동, 계절성 및 경쟁사 판매가격 등에 대한 정보를 종합적으로 분석해서 실시간으로 가격을 조정하는 것을 말한다. 아마존(www.amazon)은 2017년 블랙 프라이데이 기간 동안 인공지능이 책정한 동적인 가격 책정을 통해 하루에 한 번 이상 전체 판매상품 28%의 가격을 변경했다(Kilpatrick, 2017.11.22). 구매 후 단계에서도 재구매율을 높이기 위한 소비자 지원이나 성향 모델링을 위해 인공지능이 사용되고 있다. 고객 성향 모델링이란 고객 라이프 사이클이나 이탈 성향 등을 파악하기 위한 것으로 인공지능을 통해 예측 모델링이 이루어지면, 광고주는 예측 모델이 제시하는 기준에 따라 개인화된 고객 관계 관리를 할 수 있다.

표 7-2_ 소비자 구매여정에 따른 AI광고 사례

단계	필요/욕구 발견	초기 고려	적극적 평가	구매결정	구매 후 행동
소비자 행동	· 필요/욕구 인지	· 가능한 솔루션 검토	· 선택 대안 비교	· 가치 평가	· 구매결정 평가
광고 목표	· 소비자 필요/ 욕구 탐지	· 목표 소비자 도달	· 신뢰 획득과 소비자 설득	제공 가치 강화 및 보증	· 재구매 유도
전통적 광고 활동	· 고객 정의 · 니즈/욕구 이해	· 가치 명제 제시	· 정보 접근 촉진	· 혜택 입증, 구매 인센티브 제공	· 고객 관계 관리, 브랜드 충성도 제고
AI 광고 활용 방안 및 사례	· 심층적인 소비자 이해	· AI 기반 광고 타깃팅, 잠재 고객 예측	· 구매 가능성 점수화 · 광고 메시지 개인화 · 감성 인공지능	· 구매 지능화 · 동적 가격 책정 · 광고 리타깃팅	· 소비자 지원 챗봇 · 성향 모델링 · 1:1 CRM
	· Pinterest · Asko	· Zendesk	· Asos · Kellogg's	· Staples · Amazon · Tumi	· Autodesk · Wordsmith

자료: Kietzmann, Paschen, and Treen(2018: 265)에서 재구성.

4) 감성 인공지능 광고

감성 소구 광고란 소비자로부터 정서적인 반응을 이끌어내는 광고로 감정적인 유대감을 형성하기 위해 텍스트, 이미지, 배경음악 등의 요소를 광고물에 통합해서 소비자에게 전달한다. 소비자의 상황에 따라 맞춤화된 광고를 제공하는 문맥 광고(contextual advertising) 분야에서 감성

그림 7-4_ 감성 인공지능 광고 사례

그림 7-4_ 감성 인공지능 광고 사례

자료: Affectiva(www.affectiva.com)

인공지능 활용 가능성에 대한 관심이 커졌다. 구체적으로 인공지능을 통해 다양한 채널에서 수집된 소비자에 대한 감정적 단서 데이터를 종합적으로 분석해서 개별 소비자의 감성에 맞춤화된 광고를 전달하는 방법이 연구되고 있다(Mogaji, Olaleye, and Ukpabi, 2020; Ong, 2021; Sánchez-Núñez, et al., 2020). 그러나 기술적 차원에서 감정인식 기술에 비해 파악된 감정에 적절히 반응하기 위한 감정 생성과 감정 증강 기술은 상대적으로 취약하며(김선희, 2020), 사회적 차원에서는 얼굴 표정 등 생체 인식과 관련해 인공지능이 야기할 수 있는 프라이버시 침해 가능성을 어떻게 방지할 것인가에 대한 논의가 요구되고 있다(Lawfare, 2021.6.4).

그림 7-5_ 아마존 인공지능 플랫폼: 서비스로서의 인공지능(AI as a Service)

아마존 최적화의 새로운 시대

끊임없이 진화하는 비즈니스 요구 사항을 충족하도록 특별히 설계된 유일한 통합 플랫폼으로 수익성 있는 성장을 주도하십시오.

광고하는	가격	기술	데이터 서비스
AI 기반 광고	**특허 받은 Algo-Repricer**	**데이터 기반 인텔리전스**	**전략, 콘텐츠 및 경험**
• 자동화된 키워드 수집	• 최적의 가격대로 바이 박스 획득	• 경쟁사 이해	• 검색 및 전환 유도
• 딥러닝 입찰 최적화	• 다이내믹 프라이빗 라벨 가격	• SKU 수준 P&L 추적	• 자연 및 유료 순위
• 자율적인 예산 밸런싱	• 지속적인 경쟁 분석	• 실시간 KPI 수신	• 쇼핑객 참여도 증가
• 음성 점유율 추적	• 수익 증대, 판매 촉진 또는 재고 청산	• 시장 점유율 궤적 모니터링	• PDP, 콘텐츠 등 최적화

자료: 위 그림 Feedvisor(2021); 아래 그림 AWS(2021.10).

5) 아마존, 서비스로서의 AI(AaaS, AI as a Service)

아마존은 전자상거래, 클라우드 컴퓨팅, 디지털 스트리밍뿐만 아니라 인공지능 사업에도 주력하며, 자사 온라인 쇼핑몰 입점 업체를 위한 인공지능 생태계를 조성했다. 아마존은 인공지능 기술과 빅데이터를 활용하여 아마존 온라인 쇼핑몰 입점 업체가 인공지능을 활용한 광고, 역동적 가격 설정, 데이터 기반 마케팅 지능화를 통해 고객 전환율을 높일 수 있도록 인프라를 제공해 주고 있다.

6) 인공지능을 활용한 광고 제작 사례

광고산업에서 인공지능의 활용은 소비자 여정에 따른 광고 집행에서뿐만 아니라, 스토리텔링 작성과 같은 광고 제작 분야에서도 이미 사용되고 있다. IBM 왓슨(Watson) AI 시스템이 개발한 스크립트로 제작된 2018년 렉서스(Lexus)의 '직감적 움직임(Driven by Intuition)' 캠페인은 인공지능이 쓴 대본으로 제작된 광고업계 최초의 상업광고이다. 이 광고물은 왓슨이 만든 스크립트 흐름과 개요를 바탕으로 크리에이티브 에이

그림 7-6_ 인공지능 스토리텔링 활용 최초의 상업광고: 렉서스-IBM '직감적 움직임'

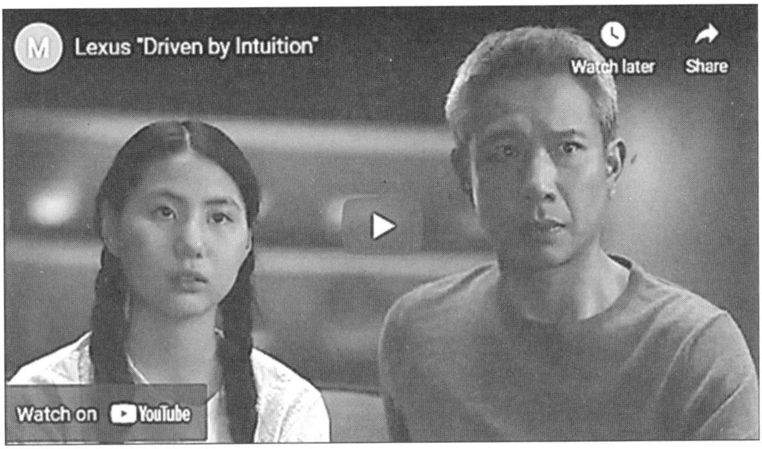

자료: *VARIETY* (2018.11.19). https://youtu.be/6qEbgOKXpLg

전시가 스토리를 구축했다. 인공지능 왓슨은 이 광고물을 제작하기 위해 칸 라이언즈 상(광고상)을 수상한 자동차 및 럭셔리 브랜드 캠페인에 대한 15년 분량의 영상, 텍스트 및 오디오와 기타 다양한 외부 데이터를 분석해서, 이들 광고물이 공통적으로 포함하고 있는 감성적이고 재미있는 요소를 식별했다. 스토리라인을 작성할 때 왓슨은 다양한 데이터를 학습해 사람들이 자동차 광고에 어떻게 반응하는지 분석하고, 소비자에게 가장 소구하는 지점을 찾아냈다. 인공지능을 통해 창의적인 칸 라이언즈 수상작들의 공통 속성을 찾아내고 광고 제작에 반영한 이 광고물은 인공지능 시대 광고산업에서 사람과 인공지능이 협력하는 방법을 보여주는 대표적인 사례로 평가받고 있다(Spangler, 2018.11.19).

7) 광고 제작 지원 공공인프라: KOBACO 아이작

광고 분야에서 인공지능 활용을 활성화하기 위해서는 국가 차원의 인프라 구축이 필요하다(차영란, 2018: 106). 공영 미디어렙인 한국방송광고진흥공사(이하, KOBACO)는 방송광고를 목적으로 광고회사가 제작한 광고 소재(TV CF)를 방송사에게 온라인으로 실시간 전송해 주는 방송광고 소재 전송 시스템인 KODEX(KObaco Data EXpress)를 2004년부터 운영하고 있다. KOBACO는 KODEX 시스템을 통해 지상파·종편·케이블·IPTV 등 180여 개 매체사에 연간 13만여 건의 방송광고물을 전송하고 있으며, 2021년 현재 20만 편이 넘는 TV CF를 축적하고 있다.

KOBACO는 정부의 '디지털 공공서비스 혁신 프로젝트'의 일환으로

그림 7-7_ 광고 제작 인공지능 공공인프라 KOBACO AiSAC: 인공지능 적용 기술

□ '광고영상 아카이브' 서비스

오픈소스 데이터셋 등 외부데이터를 활용, 광고영상 속 인물/사물 등 1,005개 객체를 검출할 수 있는 딥러닝 모델 개발

Ex. COCO-Stuff 데이터셋을 통한 사물 학습

딥러닝 모델을 적용하여 약 18,000개 광고영상의 객체 인식 및 메타데이터 태깅

Ex. 손흥민 출연 '태그호이어' 광고

광고영상 아카이브 AiSAC을 통한 대국민 서비스 개시 (aisac.kobaco.co.kr)

AiSAC 아카이브 적용 모델	객체유형	적용 알고리즘	학습 데이터셋	학습 유형	객체 예시	객체 수
	인물	MTCNN, Inception ResNet	웹검색 등 .	전이학습	강동원, 김연아 등	280
	사물	YOLOv4	COCO-Stuff	자체학습	사람, 자전거 등	171
	장소	ResNet-50	Place365	Free-Trained	골목, 아파트 등	365
	랜드마크	VGG-16/KNN	NIA 한국형 사물이미지	자체학습	광화문, 독립문 등	169
	브랜드로고	YOLOv4	브랜드 로고 이미지	자체학습	삼성, LG, 롯데 등	20

1,005종

□ '광고 스토리보드 자동 제작' 서비스

	단위 기능	적용 알고리즘	알고리즘 설명	AiSAC 스토리보드 자동 제작 적용방안
①	장면 분할	Katna	영상에서 화면이 크게 변하는 지점을 검출하고, 해당 지점을 기준으로 영상을 여러 장의 이미지로 분할하는 알고리즘 적용예시: 분할	이미지캡셔닝(②)의 재료로 쓰기 위해 광고영상을 장면 단위의 이미지로 분절
②	이미지 내용추출	OSCAR	이미지에 대한 설명문(캡션)을 생성하는 알고리즘 적용예시: 설명문 부여 (AI) "기타를 들고 앉아있는 남자"	①에서 추출된 개별 장면에 설명문(캡션) 부여
③	이미지 검색	S-BERT	입력된 문장과 가장 유사도가 높은 문장을 검색해내는 자연어 처리 알고리즘 적용예시: (이용자) "한 남자가 기타를 들고 있다" 검색 (AI) "기타를 들고 앉아있는 남자"	이용자가 입력한 텍스트(스토리라인)에 가장 부합하는 광고 속 장면(②에서 캡셔닝된 장면)을 검색
④	이미지 생성	StyleGAN, UNET 등	(StyleGAN) 기존 얼굴 이미지를 참조하여 새로운 얼굴 생성 (UNET) 이미지를 크로키 드로잉 형태로 변환 적용예시: +	③에서 검색된 광고 속 장면을 토대로 신규 이미지 생성 (저작권, 초상권 등 지적재산권 이슈해소 가능)

자료: KOBACO; 박종구(2021.11.20)에서 재인용.

중소 광고제작사와 광고주, 그리고 대학 교육과정 등에서의 광고 제작을 지원하기 위해 광고 제작 인공지능 공공 인프라인 아이작(AiSAC: Ai analysis System for Ad Creation) 시스템을 개발해서 제공하고 있다(https://aisac.kobaco.co.kr). KOBACO 아이작은 KODEX 시스템에 축적된 수만 건의 광고영상에 인공지능 기술을 접목시켜 2021년 '광고영상 아카이브' 서비스를 개시했으며, 2022년 초에는 '광고 스토리보드 자동 제작' 서비스를 추가로 제공할 예정이다.

광고영상 아카이브 서비스는 광고에 자주 등장하는 인물, 사물, 장소, 랜드마크 등 총 1005종의 객체를 인식할 수 있게 설계되었다. 구체적으로 광고영상이 아이작 서버로 들어오면 0.5초 단위로 등장하는 객체를 잡아내어 객체 정보를 식별해서 제공하면, 이용자는 원하는 객체가 등장한 특정 장면만을 선별적으로 확인할 수 있게 된다. 광고영상 아카이브는 인공지능이 식별한 객체 정보뿐만 아니라, 인공지능 객체 인식으로 파악할 수 없는 광고주·대행사·업종·품목과 같은 '광고 정보'와 내용적 특징 등을 포함한 콘텐츠 데이터를 추가로 생성해서, 이용자가 '럭셔리한', 'CM송' 등과 같은 키워드로 원하는 광고 소재를 보다 쉽게 조회할 수 있도록 해준다.

한편, 광고 스토리보드 자동 제작 서비스는 이용자가 만들고자 하는 광고의 줄거리를 텍스트로 입력하면, 인공지능이 텍스트에 해당하는 이미지를 생성해서 스토리보드를 자동으로 완성해 주는 기능을 제공한다. 텍스트 인식을 위해 자연어 처리 알고리즘이 적용됐고, 스토리보드에 넣을 그림을 그리기 위해 이미지 생성에 사용되는 알고리즘(Generative

Adversarial Network: GAN)이 적용됐다. KOBACO는 광고 제작 기반이 부족한 중소 광고제작사·광고주에게 손쉬운 광고 기획 및 제작 공공 인프라를 제공하여 마케팅 역량 강화를 지원하는 것을 서비스 제공 목적으로 삼고 있다.

4. 또 다시 'AI 겨울(AI Winter)'을 맞이하지 않으려면

인공지능에 대한 주목은 지금이 처음이 아니다. 과거에도 인공지능이 세상을 바꿀 것이라는 믿음으로 인공지능에 대한 열기가 뜨거웠던 적이 있었다. 그러나 해결할 수 없었던 난관에 부닥치면서 인공지능 연구는 두 번의 침체기를 겪었다. 인공지능에 대한 부풀려진 기대에 뒤따라 나타난 실망과 비난으로 인공지능 연구에 대한 지원과 관심이 급격하게 줄어든 시기를 'AI 겨울(AI Winter)'이라고 부른다(Bruns, 2019.6.12). 인공지능에 대한 열기가 지속될지, 아니면 기술적, 사회적인 문제로 인해 또 다른 겨울을 맞이할지에 대한 의견이 분분하다(Garvey, 2018; Grossman, 2019.11.16).

인공지능은 미래의 일상에 더 깊이 스며들 것으로 전망된다. 하지만 인간의 감정을 파악하기 위해 필요한 핵심 영역인 안면인식 기술에 대한 거부감은 상업적 차원뿐만 아니라 시민 안전이라는 행정 목적에서의 사용에서도 적지 않다. 안면인식 알고리즘의 공정성에 대한 반발과 의문이 커지면서 아마존, IBM, 마이크로소프트는 이 기술을 행정기관에

그림 7-8_ 유럽연합 '인공지능법(안)' 인공지능 위험 분류

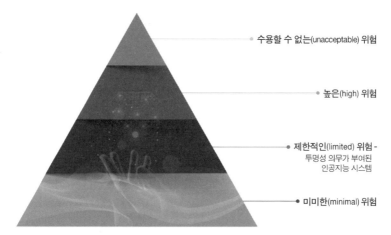

수용할 수 없는(unacceptable) 위험

높은(high) 위험

제한적인(limited) 위험 -
투명성 의무가 부여된
인공지능 시스템

미미한(minimal) 위험

자료: European Commission(2021).

판매하는 것을 중단했다. 한편, 유럽에서는 알고리즘이 아닌 인간에 의해 인간 자신의 선택이 이루어지는 미래를 만들기 위해서는 대중을 대상으로 하는 생체 인식을 금지하는 것이 필요하다는 시민운동(ban on biometric mass surveillance practices)도 일고 있다(European Citizens' Initiative, n.d.; *MIT Technology Review*, 2021.8.24; *ZDNet*, 2021.7.23).

인공지능이 야기할 수 있는 부작용을 방지하기 위한 규제 논의도 시작되었다. 유럽연합은 2021년 4월 「인공지능법(Artificial Intelligent Act)」 초안을 마련했다. 이 법안에 따르면, 국가 테러나 아동범죄 방지 외에 생체정보를 이용한 신원 확인, 불법체류자 색출 등을 위한 인공지능 사용을 고위험군으로 분류했으며, 사회적 피해가 발생하는 경우 '수용할 수 없는 위험'으로 격상되어, 인공지능 사용이 금지된다(이상윤, 2020;

표 7-3_ 윤리적인 인공지능 개발을 위한 인공지능 윤리

단계	인공지능	인간	사회
인공지능 윤리	· 다른 인공지능들과 윤리적으로 교류하는 AI 개발 원칙	· 인간과 윤리적으로 상호작용하기 위한 인공지능 개발의 원칙	· 사회에서 윤리적으로 기능하기 위한 인공지능 개발의 원칙
윤리적인 인공지능	· AI는 다른 AI와 어떻게 윤리적으로 상호작용해야 하는가?	· 인공지능은 윤리적으로 인간과 어떻게 상호작용해야 하는가?	· 사회에서 AI는 어떻게 윤리적으로 운영되어야 하는가?

자료: Siau and Wang(2020: 76).

European Commission, 2021a; 2021b; Lawfare, 2021.6.4; McKinsey and Company, 2021.8.10).

인공지능에 의존한 의사결정 영역이 확대되고 있다. 하지만 알고리즘 편견, 편향된 데이터, 데이터 부족 등으로 야기되는 인공지능의 편향성에 대한 문제도 지적되고 있다. 속을 들여다볼 수 없는 블랙박스에서 이루어지는 편향된 인공지능의 의사결정에 대한 무비판적인 적용은 우리가 알지도 못한 채 사회적 차별을 야기한다. 인공지능의 편향성과 원인을 찾아 제거하는 노력과 어떤 근거로 결정을 내렸는지 설명할 수 있는 절차적 윤리를 갖춘 인공지능 개발이 필요하다(선지원 외, 2019; Datta, 2021.2.24; Rodgers, 2021).

인공지능의 설명 가능성과 프라이버시 보호 등을 포함하는 '인공지능 윤리원칙(Ethics of AI)'의 확립은 '윤리적인 인공지능(Ethical AI)'을 개발하기 위한 선행 요건이다. 다시 말해 윤리적인 인공지능을 만들기 위해서는 개인적, 사회적으로 바람직한 인공지능에 대한 윤리가 먼저 확립되

어 있어야 한다. 그래야만 이러한 원칙에 따른 윤리적인 인공지능을 개발할 수 있다. 우리나라를 포함한 세계 주요 국가들은 인간에게 도움이 되고 사회와 조화될 수 있는 인공지능 윤리를 도출하기 위해 힘쓰고 있다(한국인공지능윤리협회, 2021; Siau and Wang, 2020; Long and Magerko, 2020). 인공지능이 주는 기회와 위험에 대한 이해를 바탕으로 인공지능을 수용하는 능력인 '인공지능 리터러시'에 대한 관심과 논의도 필요한 때다.

참고문헌

과학기술정보통신부. 2021. 「2020 인공지능산업 실태조사」. https://spri.kr/posts/
    view/23214?code=research.
_____. 2021.1.20. 「2021년 과학기술정보통신부 업무계획」. www.korea.kr/archive/
    expDocView.do?docId=39272.
곽수하. 2019.2.28. "딥러닝을 통한 인공지능의 이해." ≪포항공대신문≫. http://
    times.postech.ac.kr/news/articleView.html?idxno=20703.
관계 부처 합동. 2019.12.17. 「IT강국을 넘어 AI강국으로 '인공지능(AI) 국가전략'」.
    www.korea.kr/news/pressReleaseView.do?newsId=156366736.
_____. 2020.12.23. 「사람이 중심이 되는 인공지능(AI) 윤리기준」. www.4th-ir.go.
    kr/article/detail/1197?boardName=internalData&category=agenda.
교육부. 2021.4.20. 「국민과 함께하는 미래 교육과정 논의 본격 착수: '2022 개정 교육
    과정 추진계획' 발표」.
김경훈 외. 2021. 「AI 국가 경쟁력 확보를 위한 중장기 로드맵 구축 연구」. 경제·인문
    사회 연구회.
김상식. 2018.7. 「감성컴퓨팅 연구동향」. ≪융합 Weekly TIP≫, 130권, 1~8쪽.
    https://crpc.kist.re.kr/common/attachfile/attachfileNumPdf.do?boardNo=
    00006550&boardInfoNo=0022&rowNo=1.
김선희. 2020. 「인공감성지능 기술 동향 및 산업 분야별 적용 사례」. ≪주간기술동향≫,
    1936호. www.itfind.or.kr/publication/regular/weeklytrend/weekly/list.do?
    pageIndex=0&pageSize=10.
박종구. 2021.11.20. 「방송광고와 인공지능: 광고제작 공공플랫폼 KOBACO AiSAC
    사례발표」. 2021 한국광고홍보학회 가을철 정기학술대회 발표문.
선지원 외. 2019. 「지능정보기술 발전에 따른 법제·윤리 개선방향 연구」. 정보통신정
    책연구원.
윤지영 외. 2021. 「산업별 인공지능 융합 촉진을 위한 법제 대응 방안」. 경제·인문사
    회 연구회.
이상윤. 2020. 「유럽연합 디지털 정책의 동향과 전망: "유럽의 디지털 미래"·"유럽 데
    이터 전략"·"인공지능 백서"의 주요 내용과 의의」. ≪고려법학≫, 97호,
    193~239쪽.
정책위키. n.d. 「인공지능(AI)」. www.korea.kr/special/policyCurationView.do?
    newsId=148868542.

차영란. 2018. 「광고 및 미디어 산업 분야의 인공지능 (AI) 활용 전략: 심층인터뷰를 중심으로」. ≪한국콘텐츠학회논문지≫, 18권 9호, 102~115쪽.

한국데이터산업진흥원. 2020. 『2020 데이터산업 백서』. www.kdata.or.kr/info/info _02.html

한국방송광고진흥공사. 2021. 「광고창작 인공지능 공공인프라 AiSAC(Ai analysis System for Ad Creation)」. https://aisac.kobaco.co.kr/site/main/home

한국인공지능윤리협회. 2021. 「인공지능 윤리 헌장」. https://kaiea.org/research/ ?q=YToxOntzOjEyOiJrZXl3b3JkX3R5cGUiO3M6MzoiYWxsIjt9&bmode=vie w&idx=5634386&t=board

Accenture. 2018. "Making it personal: Why brands must move from communication to conversion for greater personalization." www.accenture.com/_acn media/PDF-77/Accenture-Pulse-Survey.pdf

_____. 2020. "Artificial Intelligence: The fast track to retail value at scale." www. accenture.com/_acnmedia/PDF-114/Accenture-Artificial-Intelligence-Retail-2020.pdf

Affectiva. www.affectiva.com

AGISI. www.agisi.org

AWS. 2021.10. 「Media 트렌드와 OTT and Content Production Global 혁신 사례」.

Bootle, R. 2019. *The AI economy: work, wealth and welfare in the robot age*. Hachette UK.

Bruns, E. 2019.6.12. *Timeline of AI winters casts a shadow over today's applications*. https://searchenterpriseai.techtarget.com/infographic/Timeline-of-AI-winters-casts-a-shadow-over-todays-applications

Chen, G., P. Xie, J. Dong, and T. Wang. 2019. "Understanding programmatic creative: The role of AI." *Journal of Advertising*, 48(4), pp. 347~355.

Court, D., D. Elzinga, S. Mulder, and O. J. Vetvik. 2009. "The consumer decision journey." *McKinsey Quarterly*, 3(3), pp. 96~107. www.mckinsey.com/ business-functions/marketing-and-sales/our-insights/the-consumer-decisio n-journey.

Crawford, K. 2021. *The Atlas of AI: Power, politics, and the planetary costs of artificial intelligence*. Yale University Press.

DataRobot. 2021. *AI in retailm Marketing: Introduce AI to level-up customer engagement and marketing spend beyond traditional BI.*

Datta, A. 2021.2.24. "3 kinds of bias in AI models. InfoWorld." www.infoworld. com/article/3607748/3-kinds-of-bias-in-ai-models-and-how-we-can-address -them.html.

De Bruyn, A., V. Viswanathan, Y. S. Beh, J. K. U. Brock, and F. von Wangenheim. 2020. "Artificial intelligence and marketing: Pitfalls and opportunities." *Journal of Interactive Marketing*, 51, pp. 91~105.

Deng, S., C. W. Tan, W. Wang, and Y. Pan. 2019. "Smart generation system of personalized advertising copy and its application to advertising practice and research." *Journal of Advertising*, 48(4), pp. 356~365.

Domingos, P. 2015. *The master algorithm: How the quest for the ultimate learning machine will remake our world.* Basic Books.

European Citizens' Initiative. n.d. "Reclaim your face: The powerful watch the powerless." https://reclaimyourface.eu/.

European Commission. 2021.4.21a. "Laying down harmonised rules on Artificial Intelligence (Artificial Intelligence Act) and amending certain union legislative acts." https://eur-lex.europa.eu/legal-content/EN/TXT/?uri= CELEX%3A52021PC0206.

_____. 2021.4.21b. "Shaping Europe's digital future: Regulatory framework proposal on Artificial Intelligence." https://digital-strategy.ec.europa.eu/ en/policies/regulatory-framework-ai.

Feedvisor. 2021. "Brands, Amazon, and the rise of e-marketplaces: A Report based on a survey of 1,000+ U.S. Brands." https://fv.feedvisor.com/rs/656-BMZ- 780/images/CN_2021_Brand_Survey.pdf?mkt_tok=NjU2LUJNWi03ODAAA AF_rtxZrZa3v7p8io-S618eZH0T-07VSOL94nbpkIF1zdC52AuOKq7qfVJhUU7 D39-NpB0HLAdBWsSrganc-tVVbD9rJfyjKDFBmeM9FV781Q.

Gartner. 2018.8.20. "Understanding Gartner's Hype Cycles." www.gartner.com/ en/documents/3887767.

_____. 2020.9.28. "2 Megatrends Dominate the Gartner Hype Cycle for Artificial Intelligence, 2020." www.gartner.com/smarterwithgartner/2-megatrends- dominate-the-gartner-hype-cycle-for-artificial-intelligence-2020.

_____. 2021.9.22. "The 4 trends that prevail on the Gartner Hype Cycle for AI, 2021." www.gartner.com/en/articles/the-4-trends-that-prevail-on-the-gart

ner-hype-cycle-for-ai-2021

Garvey, C. 2018. "Broken promises and empth threats: The evolution of AI in the USA, 1956-1996." *Technology's Stories*, 6(1). www.technologystories. org/ai-evolution/

Greene, G. 2020. "The ethics of AI and emotional intelligence: Data sources, applications, and questions for evaluating ethics risk." https://partnership onai.org/wp-content/uploads/2021/08/PAI_The-ethics-of-AI-and-emotiona l-intelligence_073020.pdf

Grossman, G. 2019.11.16. "Is AI in a golden age or on the verge of a new winter?" https://venturebeat.com/2019/11/16/is-ai-in-a-golden-age-or-on-the-verge-of-a-new-winter/

Kaur, S. and R. Sharma. 2021. "Emotion AI: Integrating Emotional Intelligence with Artificial Intelligence in the Digital Workplace." In *Innovations in Information and Communication Technologies (IICT-2020)*. Springer, Cham, pp. 337~343.

Kietzmann, J., J. Paschen, and E. Treen. 2018. "Artificial intelligence in advertising: How marketers can leverage artificial intelligence along the consumer journey." *Journal of Advertising Research*, 58(3), pp. 263~267.

Kilpatrick, S. 2017.11.22. "Machine Learning and Black Friday: How retailers will use machine learning to drive sales." www.logikk.com/articles/machine-learning-black-friday-how-retailers-will-use-machine-learning-to-drive-sales/.

Krakovsky, M. 2018. "Artificial (emotional) intelligence." *Communications of the ACM*, 61(4), pp. 18~19. http://riemann.ist.psu.edu/docs/related/reports/2018/CACM/CACM.pdf.

Lawfare. 2021.6.4. "Artificial Intelligence Act: What Is the European Approach for AI?" Available at www.lawfareblog.com/artificial-intelligence-act-what-european-approach-ai.

Lawtomated. 2019.4.28. "A.I. Technical: Machine vs Deep Learning." https://lawtomated.com/a-i-technical-machine-vs-deep-learning/.

Li, H. 2019. "Special section introduction: Artificial intelligence and advertising." *Journal of advertising*, 48(4), pp. 333~337.

Long, D. and B. Magerko. 2020. April. "What is AI literacy? Competencies and design considerations." In Proceedings of the *2020 CHI Conference on*

Human Factors in Computing Systems, pp. 1~16.

Marcus, G. and E. Davis. 2019. *Rebooting AI: Building artificial intelligence we can trust*. Vintage.

Market and Market. 2021. *Emotion detection and recognition market: Globacbl forecast to 2026*.

McKinsey and Company. 2021.8.10. "What the draft European Union AI regulations mean for business." www.mckinsey.com/business-functions/mckinsey-analytics/our-insights/what-the-draft-european-union-ai-regulations-mean-for-business.

Microsoft. 2017.11.28. "Astro and Microsoft experiment on Digital Customer Profiling." https://news.microsoft.com/en-my/2017/11/28/astro-microsoft-experiments-digital-customer-profiling/.

_____. 2019.5.3. "Online retailer solves challenges with Azure Machine Learning service." https://customers.microsoft.com/en-us/story/asos-retailers-azure.

_____. 2021.4.12. "Deep learning vs. machine learning in Azure Machine Learning." https://docs.microsoft.com/en-us/azure/machine-learning/concept-deep-learning-vs-machine-learning.

MIT Media Lab. n.d. "Affective Computing: Advancing human wellbeing by developing new ways to communicate, understand, and respond to emotion." www.media.mit.edu/groups/affective-computing/overview/.

MIT Technology Review. 2021.8.24. "US government agencies plan to increase their use of facial recognition technology: A new survey shows the controversial systems are poised to play an even bigger role in federal business." www.technologyreview.com/2021/08/24/1032967/us-government-agencies-plan-to-increase-their-use-of-facial-recognition-technology/.

Mogaji, E., S. Olaleye, and D. Ukpabi. 2020. "Using AI to personalise emotionally appealing advertisement." In *Digital and social media marketing*. Springer, Cham, pp. 137~150.

Ong, D. C. 2021. "An ethical framework for guiding the development of affectively-aware artificial intelligence. 2021 9th International Conference on Affective Computing and Intelligent Interaction(ACII)." https://arxiv.org/pdf/2107.13734.pdf.

Picard, R. W. 1997. "Affective computing. The MIT Press." https://affect.media.

mit.edu/pdfs/95.picard.pdf.

Prasad, R. and P. Choudhary. 2021. "State-of-the-art of artificial intelligence." *Journal of Mobile Multimedia*, 17, pp. 427~454.

Qin, X. and Z. Jiang. 2019. "The impact of AI on the advertising process: The Chinese experience." *Journal of Advertising*, 48(4), pp. 338~346.

Rodgers, S. 2021. "Themed issue introduction: Promises and perils of artificial intelligence and advertising." *Journal of Advertising*, 50(1), pp. 1~10.

Salesforce. 2021. "State of marketing(7th ed.)". www.salesforce.com/content /dam/web/en_us/www/documents/reports/salesforce-research-seventh-sta te-of-marketing-V2.pdf.

_____. 2021.6.20. "5 ways Artificial Intelligence is changing advertising sales." www.salesforce.com/blog/artificial-intelligence-advertising-sales/.

Sánchez-Núñez, P., M. J. Cobo, C. De Las Heras-Pedrosa, J. I. Peláez, and E. Herrera-Viedma. 2020. "Opinion mining, sentiment analysis and emotion understanding in advertising: a bibliometric analysis." IEEE Access, 8, 134563-134576.

Schuller, D. and B. W. Schuller. 2018. "The age of artificial emotional intel-ligence." *Computer*, 51(9), pp. 38~46.

Shah, N., S. Engineer, N. Bhagat, H. Chauhan, and M. Shah. 2020. "Research trends on the usage of machine learning and artificial intelligence in advertising." *Augmented Human Research*, 5(1), pp. 1~15.

Siau, K. and W. Wang. 2020. "Artificial intelligence (AI) ethics: ethics of AI and ethical AI." *Journal of Database Management*, 31(2), pp. 74~87. www. researchgate.net/publication/340115931_Artificial_Intelligence_AI_Ethics_E thics_of_AI_and_Ethical_AI.

Spangler, T. 2018.11.19. "First AI-Scripted Commercial Debuts, Directed by Kevin Macdonald for Lexus (Watch)". https://variety.com/2018/digital/news/ lexus- ai-scripted-ad-ibm-watson-kevin-macdonald-1203030693/.

Standford University. 2021.9. "Gathering strength, gathering storms: The one hundred year study on Artificial Intelligence (AI100) 2021 study panel report."

Sterne, J. 2017. *Artificial intelligence for marketing: practical applications*. John Wiley and Sons.

Taylor, C. R. and L. Carlson, 2021. "The future of advertising research: new directions and research needs." *Journal of Marketing Theory and Practice*, 29(1), pp. 51~62.

VARIETY. 2018.11.19. https://youtu.be/6qEbgOKXpLg

Wikipedia. "AI winter." https://en.wikipedia.org/wiki/AI_winter.

_____. "History of artificial intelligence." https://en.wikipedia.org/wiki/History_of_artificial_intelligence.

ZDNet. 2021.7.23. "What is AI? Here's everything you need to know about artificial intelligence: An executive guide to artificial intelligence, from machine learning and general AI to neural networks."

찾아보기

저자 소개

강정석

전북대학교 심리학과 교수이다. 현재 소비자심리학, 광고심리학, 심리학과 마케팅, 연구방법론 등을 강의하고 있다. 고려대학교 심리학과에서 학사학위와 석사학위를 취득했고, 고려대학교 심리학과에서 박사과정을 수료했다. 이후 코네티컷 대학에서 마케팅 커뮤니케이션 분야로 박사학위를 받았다. 질병관리청 전문가소통자문단 자문위원, 전북대학교 사회과학대학 부학장, 전북대학교 행정대학원 부원장, 한국심리학회 홍보이사와 재무감사, 한국소비자·광고심리학회 홍보위원장과 총무이사, 한국소비자학회 상임이사, 한국광고학회 연구이사, ≪한국심리학회지: 일반≫ 부편집위원장 등을 역임했거나 역임 중이다. 저서로는 『심리학 개론』(2017, 공저), 『공공외교: 이론과 실제』(2020, 공저)가 있다. 또한 국내외 학술지에 다수의 논문을 게재하였다.

김지호

경북대학교 심리학과 교수이다. 소비자 광고 심리학, 사이버 심리학, 뉴로마케팅 등을 강의하고 있다. 중앙대 심리학과에서 학사, 석사, 박사학위를 받았다. 뉴로마케팅과 관련하여 다수의 연구 및 기업 프로젝트를 수행하였다. 한국소비자광고심리학회 회장으로 재임 중이다.

박종구

현재 한국방송광고진흥공사(KOBACO) 미디어광고연구소 연구위원으로 미디어광고 공공데이터와 산업정책에 대해 연구하고 있다. 서강대학교 영어영문학 학사, 동 대학원 신문방송학과에서 석사와 박사학위를 받았으며, 정보전략(ISP) 컨설턴트와 한국연구재단-서강대학교 학술연구교수를 거쳤다. 저서로는 『뉴미디어 채택이론』(2013), 『4차 산업혁명 시대의 미디어 리터러시 교육』(2018, 공저), 『데이터 테크놀로지와 커뮤니케이션 연구』(2019, 공저), 『빅데이터의 분석방법과 활용』(2020, 공저), 『광고의 미래 넥스트 10년』(2021, 공저) 등이 있다. 최근 논문으로는 「TV방송콘텐츠에 대한 인터넷반응은 TV시청률의 보완지표인가, 대체지표인가?」(≪커뮤니케이션이론≫, 2018), 「방송산업 수요기반 공공데이터 조성에 관한 시론」(≪방송통신연구≫, 2019), 「광고산업의 포용적 성장을 위한 미디어광고 공공데이터 조성 방안」(≪광고학연구≫, 2020) 등이 있다.

부수현

경상국립대학교 심리학과 부교수이다. 중앙대학교 심리학과에서 소비자 및 광고심리학 전공 박사학위를 받았다. 심리학 이론과 원리에 기초하여 광고효과, 소비자 의사결정, 미디어 사용과 영향력 등과 같은 주제를 연구해 오고 있다. 특히, 최근에는 미디어 플랫폼과 광고 그리고 소비자의 역동적인 상호작용에 관심이 높다. 저서로는 『소비자 심리와 광고 PR 마케팅』(2020, 공저), 『검색광고의 이해』(2019, 공저), 『청년실업, 노동시장 그리고 국가』(2017, 공저) 등이 있다.

성용준

고려대학교 심리학부 교수이다. 소비자심리학, 브랜드심리학, 광고, 지속가능성, 뉴미디어, AI 등을 연구하고 강의하고 있다. 아이오와 주립대학교(Iowa State University)에서 학사, 조지아대학교(University of Georgia)에서 석사와 박사학위를 받았다. 텍사스대학교 오스틴(The University of Texas at Austin)과 서던 메소디스트대학교(Southern Methodist University)에서 연구와 강의를 했으며, 소비자광고심리학회 회장, 한국광고학회 총무이사, 한국광고홍보학회 연구이사, ≪광고학연구≫ 편집위원장을 역임했다.

안정용

고려대학교 미디어학부 연구교수다. 중앙대학교에서 경제학 학사를, 고려대학교에서 심리학 석사, 박사학위를 받았다. 브랜드 매니지먼트, 광고효과, 인간-인공지능 상호작용을 주제로 한 SSCI, KCI 논문을 다수 게재하였으며, 저서로는 『광고의 미래 넥스트 10년: 한 권으로 읽는 광고의 새로운 키워드와 트렌드』(2021, 공저)가 있다.

한울아카데미 2345

인간 정서와 AI

지은이 강정석·김지호·박종구·부수현·성용준·안정용
펴낸이 **김종수** | 펴낸곳 **한울엠플러스(주)** | 편집책임 **조수임**

초판 1쇄 발행 **2021년 11월 30일** | 초판 2쇄 발행 **2022년 2월 20일**

주소 **10881 경기도 파주시 광인사길 153 한울시소빌딩 3층**
전화 **031-955-0655** | 팩스 **031-955-0656**
홈페이지 **www.hanulmplus.kr** | 등록번호 **제406-2015-000143호**

Printed in Korea.
ISBN 978-89-460-7345-6 93180(양장)
      978-89-460-8146-8 93180(무선)
* 책값은 겉표지에 표시되어 있습니다.
* 무선 제본 책을 교재로 사용하시려면 본사로 연락해 주시기 바랍니다.